W0173308

Näh

MASCHINEN

FÜHRERSCHEIN

EVA SCHNEIDER

Das **Erfolgsprogramm** in Theorie und Praxis

+ Nähprüfung und Diplom ONLINE!

TOPP

Näh
MASCHINEN
FÜHRERSCHEIN

NÄHMASCHINEN-FÜHRERSCHEIN IN

Theorie

&

Ihre Abschlussprüfung ist
nur einen Klick entfernt:
www.naehmaschinen-fuehrerschein.de

Praxis

Vorlagenbogen und Nähmaschinen-Sticker

Gestatten, Freddy!
Wie ich genäht werde,
erfahren Sie auf Seite 136.

ickzackstiche, Kurven nähen oder Rückwärts-gang einlegen, wer den **Nähmaschinen-Führerschein** hat, weiß wie 's geht. Dieses Buch hält viele Fahrstunden für Sie bereit und führt Sie Level für Level ans Ziel. Auf den nächsten Seiten starten Sie mit der Navigation: Zwischen Start und Ziel liegen einige spannende Etappen.

Es erwarten Sie ein großer Theorieteil sowie ein intensiver Praxis-teil. Sie üben mit verschiedenen Materialien und in unterschiedlichen Schwierigkeitsgraden. Alle Anforderungen der Nähprojekte bauen aufeinander auf und führen Sie zur großen Abschlussprüfung.

Auch dort wartet eine besondere Herausforderung auf Sie: Zuerst be-antworten Sie online 20 Fragen, dann nähen Sie mit genauer Anleitung **Ihren perfekten Beifahrer!**

Viel Spaß wünscht Ihnen

Eva Schneider

NAVIGATION

Die Strecke von Start bis Ziel ist in überschaubare Etappen gegliedert.

Start: Sie starten ohne Näh-Kenntnisse.

Ziel: Sie erhalten Ihren persönlichen Nähmaschinen-Führerschein.

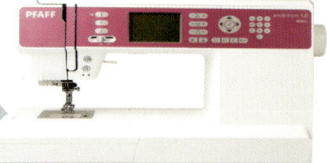

THEORIE

Level_1: STARTER PAKET

Vierzylinder oder Zweitakter: Auch bei den Nähmaschinen gibt es Unterschiede. Um Ihnen die Entscheidung für die „richtige" Nähmaschine zu erleichtern, lernen Sie zwei unterschiedliche Typenklassen und ihre wichtigsten Funktionsteile kennen. Entscheiden Sie in Ruhe, welche Nähmaschine zu Ihnen und Ihren Anforderungen passt. Lassen Sie keinesfalls die Probefahrt aus – auch beim Autokauf würden Sie darauf doch nicht verzichten, oder?

Am Ende von Level_1 heißt es dann: Kurz rechts ranfahren, bitte. Beim Boxenstopp wartet Ihr Führerschein-Trainer mit einem Fragebogen im Multiple-Choice-Format. Üben Sie den Blick in den Rückspiegel: Ob Sie die richtige Lösung gefunden haben, können Sie mit den Antworten auf Seite 144 kontrollieren.

Level_2: NÄHREGELN

Lichthupe, Warnblinkanlage oder Tankanzeige – nicht nur das Auto, auch eine Nähmaschine hat ihre speziellen Funktionen. Tipps zum richtigen Umgang finden Sie bei den Sicherheitsmaßnahmen. Anschließend steht Ihr Führerschein-Trainer für weitere Fragen und Lösungen bereit.

Level_3: SERVICE CHECK

Blicken Sie unter die Motorhaube: Anhand anschaulicher Fotos
lernen Sie den Oberfaden geschickt einzufädeln, die Fadenspannung
optimal zu tarieren und problemlos einen Spulenwechsel vorzunehmen. Vor der Weiterfahrt prüfen Sie Ihr Wissen mit dem Führerschein-Trainer und schon stehen die Ampeln wieder auf Grün.

Level_4: KRAFTSTOFF

Baumwolle, Leinen oder Filz: In dieser Fahrstunde lernen Sie anhand einer kleinen
Stoff- und Faserkunde alles über Ihr Ausgangsmaterial und warum es auch beim Nähen
heißt: rechts vor links. Stopp! Auch hier gibt es
wieder einen Fragebogen für Sie.

Level_5: WERKZEUG

Mit einem gut bestückten Werkzeugkasten sind Sie immer
auf der richtigen Spur. Was alles an Bord sein sollte –
dieses Kapitel verrät es Ihnen. Noch Fragen? Ihr Führerschein-Trainer steht bereit.

NAVIGATION

PRAXIS

Level_1: TESTFAHRT

Zunächst fahren Sie noch Sprit sparend: Sie arbeiten auf Papier, zunächst sogar ohne Faden. Nach einigen Testfahrten nähen Sie Ihre ersten Projekte: Eine vielseitige Girlande (Schwierigkeitsgrad_■), eine kultige Motivationskarte (Schwierigkeitsgrad_■■) und charmante Clubanhänger (Schwierigkeitsgrad_■■■). Abschließend gibt es Testfragen von Ihrem Führerschein-Trainer.

Level_2: PAPIERE, BITTE!

Ein Workshop zeigt Ihnen Schritt für Schritt, wie Sie sich auf der Näh-Landkarte zurechtfinden, ein Schnittmuster lesen und Zuschnitte herstellen. Sie fertigen einen Papierschnitt an und überprüfen Ihr Wissen mit Ihrem Führerschein-Trainer.

Level_3: STEPPSTUNDE

Das Tempo-Limit ist aufgehoben! Jetzt nähen Sie Ihre ersten Projekte aus Stoff und Filz: eine Wimpelkette (Schwierigkeitsgrad_■), eine Laptoptasche (Schwierigkeitsgrad_■■) und einen Shopper für die Einkaufstour (Schwierigkeitsgrad_■■■) mit dazu passenden Charms. Schritt-für-Schritt-Anleitungen lassen die Aufgaben zur Spazierfahrt werden. Zu jedem Projekt erhalten Sie eine Materialliste und Informationen fürs Cockpit, das sind die Einstellungen an der Nähmaschine. Steuern Sie den nächsten Rastplatz an und üben Sie mit dem Führerschein-Trainer.

Level_4: KURVENTRAINING

Bahn frei! Jetzt können Sie sich so richtig in die Kurven legen und nach Herzenslust applizieren. Sie werden staunen, wie einfach und effektvoll das ist. Schritt für Schritt lernen Sie mit dem Zickzackstich Schnittkanten zu versäubern und unterschiedliche Längen- und Breiteneinstellungen vorzunehmen. In nur einer Fahrstunde nähen Sie dekorative Cocktailuntersetzer (Schwierigkeitsgrad_■). Auch ein praktisches Schlüsselband (Schwierigkeitsgrad_■■) haben Sie im Nu fertiggestellt – sicher eine perfekte Ergänzung für Ihren Autoschlüssel! Der Traum vom eigenen Auto geht mit dem Nähprojekt „VW-Bus" (Schwierigkeitsgrad_■■■) in Erfüllung. Ganz nebenbei erhalten Sie zugleich jede Menge Fahrpraxis. Ihr Führerschein-Trainer verabschiedet sich hier von Ihnen.

ABSCHLUSSPRÜFUNG THEORIE

Sie sind jetzt zur theoretischen Prüfung zugelassen. Mit Ihrem Führerschein-Trainer sind Sie bestens auf die Prüfung vorbereitet. Fahren Sie auf die Datenautobahn und melden Sie sich an unter **www.naehmaschinen-fuehrerschein.de**. Den Testbogen können Sie ganz bequem online ausfüllen.

Level_5: GROSSE FAHRT

Starten Sie durch und nähen Sie in einer kurzen Spritztour ein herrliches Mustermix-Kissen (Schwierigkeitsgrad_■). Dann erreichen Sie eine Passhöhe. Beim Nähen des Wolkenkissens (Schwierigkeitsgrad_■■) schwingen Sie sich mit verstürzten Kanten in den Schneiderhimmel. In alle Himmelsrichtungen begleitet Sie auch das 3-Sterne-Kissen (Schwierigkeitsgrad_■■■). Nehmen Sie sich einige Fahrstunden Zeit, die Reise lohnt sich! Eine ausführliche Anleitung und Detailfotos erleichtern das Nacharbeiten.

ABSCHLUSSPRÜFUNG PRAXIS

Die theoretische Prüfung haben Sie bereits bestanden und fleißig mit Ihrem Führerschein-Trainer geübt. Sie haben gesteppt, gesäumt und verstürzt, gesteckt, geschnitten, gemessen, gebügelt, appliziert und vieles mehr. Sie haben den Rückwärtsgang eingelegt und die Spulen gewechselt. Was bleibt noch zu tun? Jetzt steht die letzte große Herausforderung an: Nähen Sie Ihren „perfekten Beifahrer" und laden Sie ein Foto davon hoch auf **www.naehmaschinen-fuehrerschein.de**!

Sie haben das Ziel erreicht und erhalten Ihren Nähmaschinen-Führerschein. Herzlichen Glückwunsch!

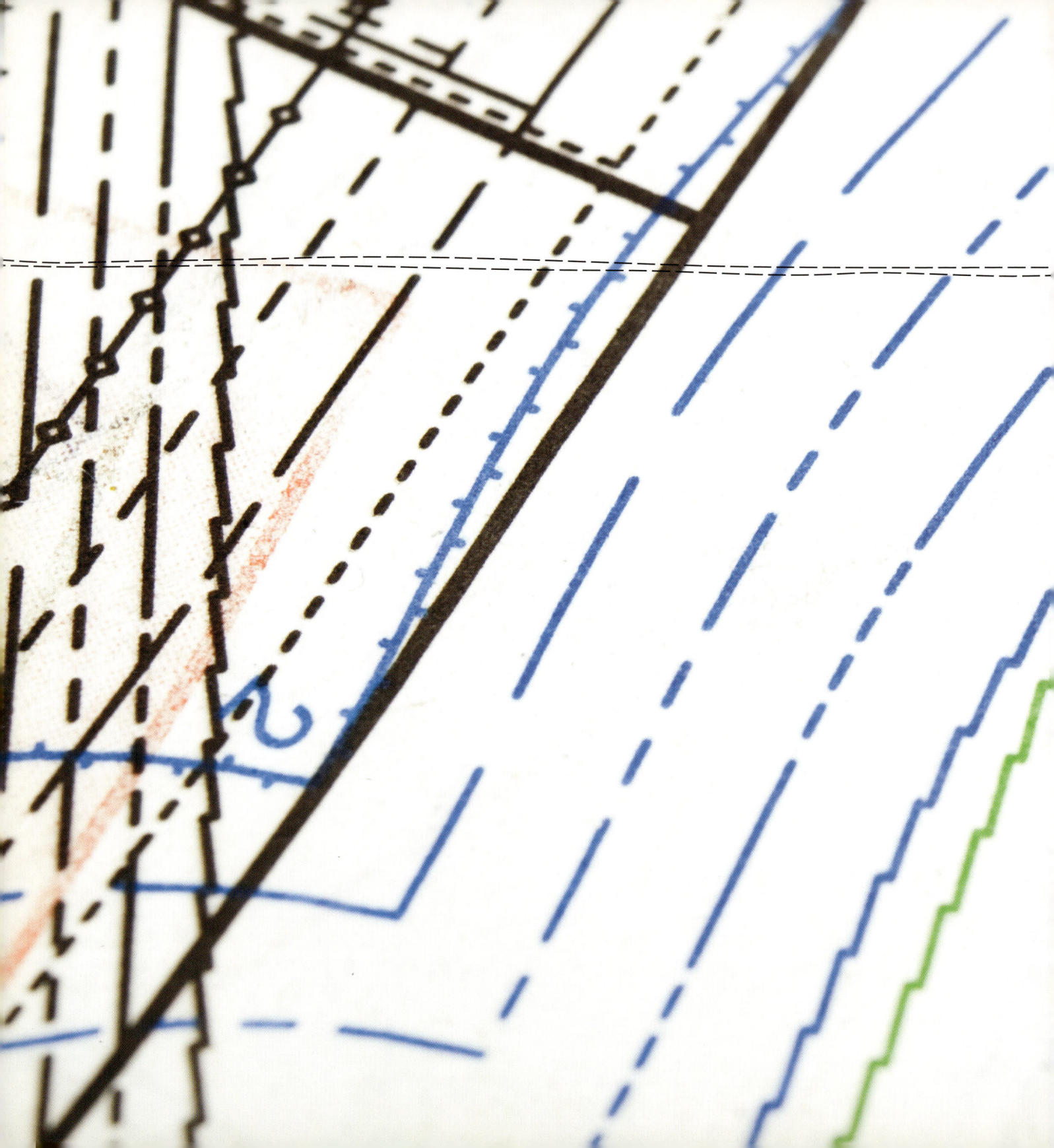

In diesem Kapitel machen Sie sich Level für Level mit Ihrer Nähmaschine vertraut und lernen spielerisch die Regeln der Näh-Ordnung kennen. Üben Sie mit Ihrem Führerschein-Trainer!

Theorie

STARTER PAKET

Von Tempomat bis Rückwärtsgang: Das Starter Paket weist Sie in die wichtigsten Funktionsteile einer mechanischen und einer computergesteuerten Nähmaschine ein.

Maschine und Funktionsteile

Gerade für Nähanfänger ist eine praktische, leicht zu bedienende Nähmaschine wichtig. Für viele Arbeiten reicht eine mechanische Nähmaschine aus, die außer Geradstich und Zickzackstich auch einige Elastikstiche und Knopflöcher nähen kann. Wenn Sie Spaß an Stickereien und innovativer Technik haben, womöglich sogar Ihr eigenes Label sticken möchten, dann ist die Anschaffung einer elektronischen Nähmaschine, vielleicht sogar mit Stickcomputer, eine gute Investition.

Auf jeden Fall sollten Sie die Nähmaschine vor dem Kauf ausprobieren – auch ein Auto wird Probe gefahren!

Im Prinzip sind die wichtigsten Teile bei jeder Nähmaschine gleich. Auf den nächsten Seiten lernen Sie exemplarisch zwei unterschiedliche Nähmaschinentypen kennen: ein mechanisches Basismodell, und einen computergesteuerten Flitzer.

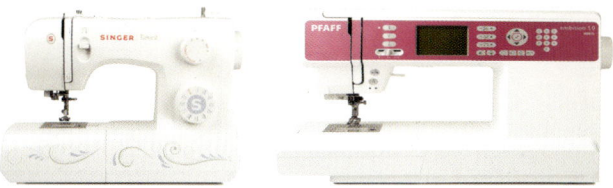

Tipp: Die erste eigene Nähmaschine kaufen: Am besten gehen Sie in ein Fachgeschäft und lassen sich umfassend beraten. Sollte Ihre Maschine einmal eine Panne haben, ist die Werkstatt gleich in Ihrer Nähe.

LEVEL_1

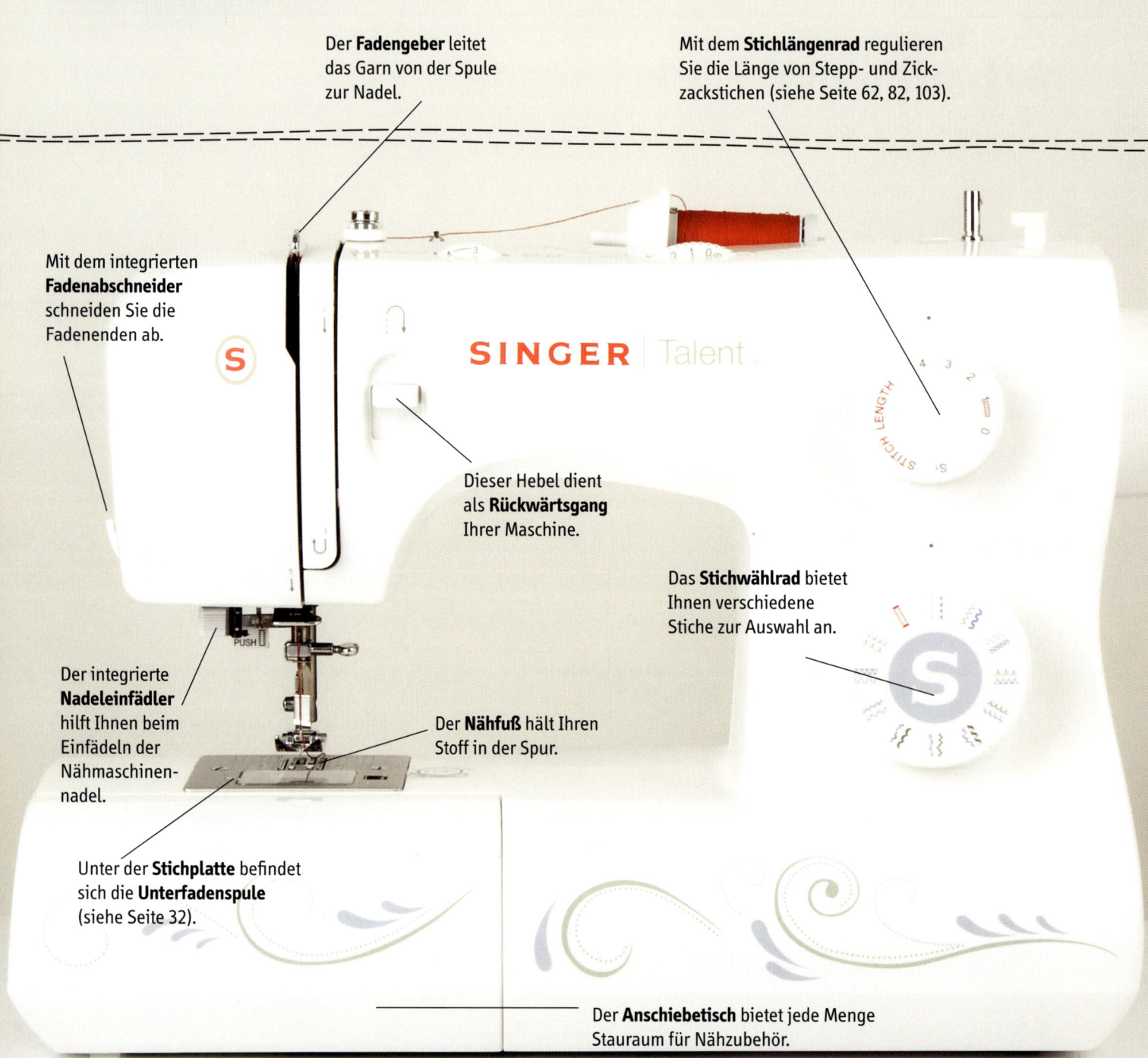

Der **Fadengeber** leitet das Garn von der Spule zur Nadel.

Mit dem **Stichlängenrad** regulieren Sie die Länge von Stepp- und Zick- zackstichen (siehe Seite 62, 82, 103).

Mit dem integrierten **Fadenabschneider** schneiden Sie die Fadenenden ab.

Dieser Hebel dient als **Rückwärtsgang** Ihrer Maschine.

Das **Stichwählrad** bietet Ihnen verschiedene Stiche zur Auswahl an.

Der integrierte **Nadeleinfädler** hilft Ihnen beim Einfädeln der Nähmaschinen- nadel.

Der **Nähfuß** hält Ihren Stoff in der Spur.

Unter der **Stichplatte** befindet sich die **Unterfadenspule** (siehe Seite 32).

Der **Anschiebetisch** bietet jede Menge Stauraum für Nähzubehör.

SINGER | Talent

Die mechanische Nähmaschine: Singer Talent 3323

Wenn Sie von ihrer Flachbettnähmaschine den Anschiebetisch abnehmen, erscheint der lange, schmale **Freiarm**. Ähnlich wie ein Ärmelbrett beim Bügeln, bietet der Freiarm Ihnen die Möglichkeit, schwierige Stellen an engen Öffnungen zu bearbeiten.

Tipp: Sorgen Sie für eine gut ausgeleuchtet Arbeitsfläche.

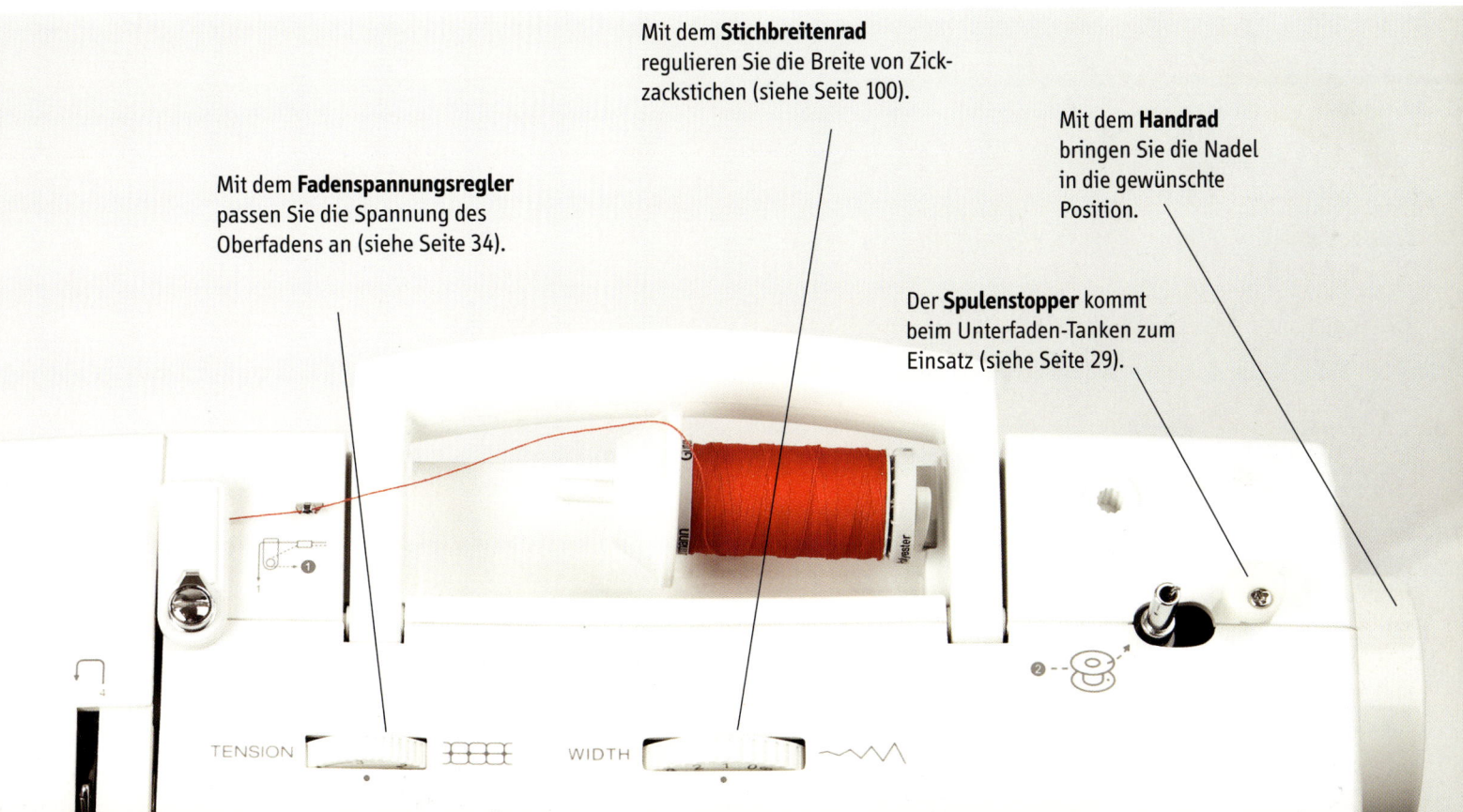

Mit dem **Stichbreitenrad** regulieren Sie die Breite von Zick-zackstichen (siehe Seite 100).

Mit dem **Handrad** bringen Sie die Nadel in die gewünschte Position.

Mit dem **Fadenspannungsregler** passen Sie die Spannung des Oberfadens an (siehe Seite 34).

Der **Spulenstopper** kommt beim Unterfaden-Tanken zum Einsatz (siehe Seite 29).

LEVEL_1

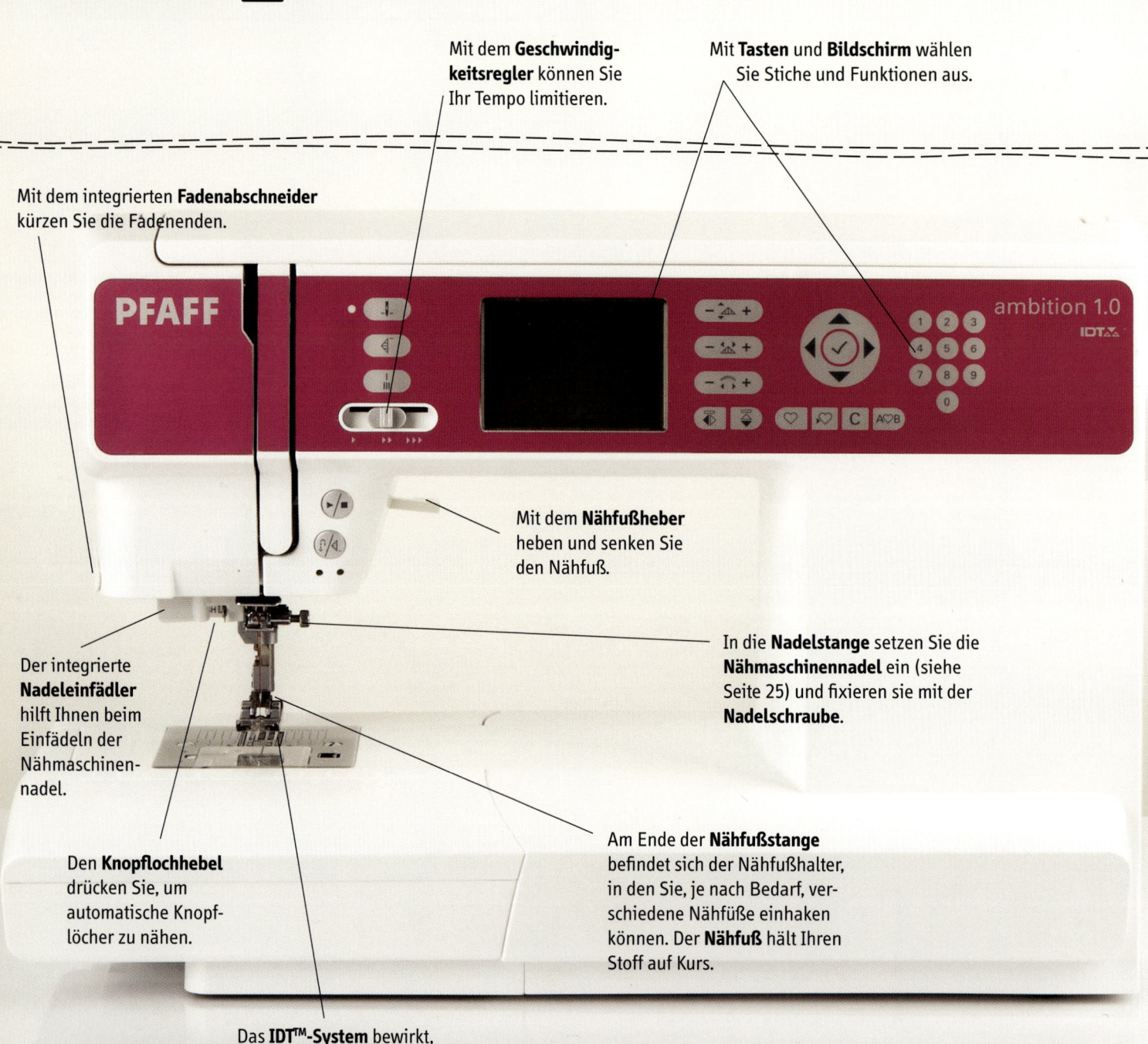

Mit dem **Geschwindigkeitsregler** können Sie Ihr Tempo limitieren.

Mit **Tasten** und **Bildschirm** wählen Sie Stiche und Funktionen aus.

Mit dem integrierten **Fadenabschneider** kürzen Sie die Fadenenden.

Mit dem **Nähfußheber** heben und senken Sie den Nähfuß.

Der integrierte **Nadeleinfädler** hilft Ihnen beim Einfädeln der Nähmaschinennadel.

In die **Nadelstange** setzen Sie die **Nähmaschinennadel** ein (siehe Seite 25) und fixieren sie mit der **Nadelschraube**.

Den **Knopflochhebel** drücken Sie, um automatische Knopflöcher zu nähen.

Am Ende der **Nähfußstange** befindet sich der Nähfußhalter, in den Sie, je nach Bedarf, verschiedene Nähfüße einhaken können. Der **Nähfuß** hält Ihren Stoff auf Kurs.

Das **IDT™-System** bewirkt, dass der Stoff von oben und unten gleichzeitig transportiert wird.

Die computergesteuerte Nähmaschine: Pfaff ambition 1.0

Unter der **Stichplatte** befindet sich die **Unterfadenspule mit Spulenabdeckung** (siehe Seite 30).

Im Anschiebetisch befindet sich ein geräumiges **Zubehörfach**.

Mit dem **Nähfußdruckstellrad** regulieren Sie den Druck, mit dem der Nähfuß auf Ihrem Stoff aufliegt.

Der **Oberfaden** muss diese **Fadenführungen** passieren (siehe Seite 30).

Die **Garnrollenführungsscheiben** fixieren die Garnrolle auf dem Garnrollenhalter. In diese Bohrung können Sie alternativ einen **schwenkbaren Garnrollenhalter** einsetzen.

Im Deckel der Maschine finden Sie eine **Stichübersicht**.

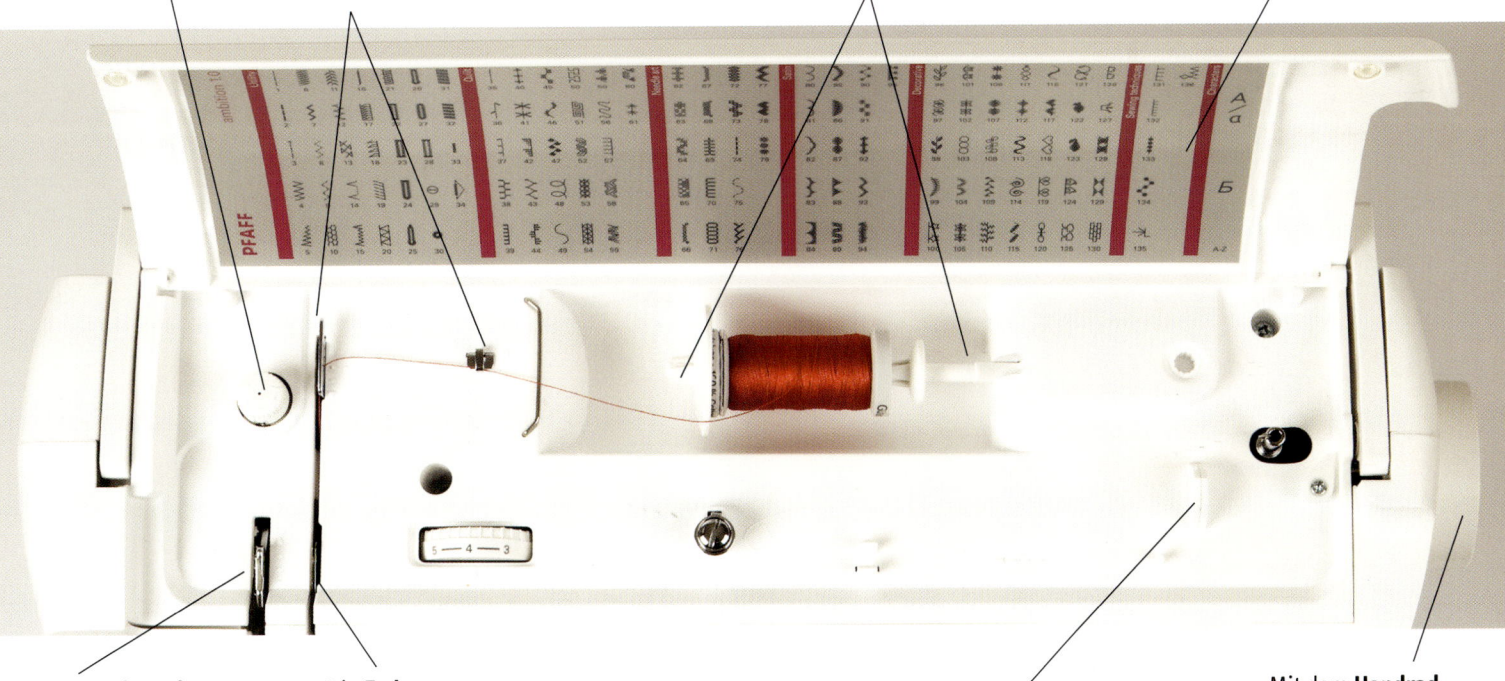

Der **Fadengeber** leitet das Garn von der Spule zur Nadel.

Die **Fadenspannungsscheiben** regulieren die Spannung des Oberfadens (siehe Seite 34).

Spannungsscheibe Spulen, Spulenstopper und Spulenspindel kommen beim Unterfaden-Tanken zum Einsatz (siehe Seite 29). Den Tankvorgang schließen Sie ab, indem Sie den Faden mit dem **Unterfadenschneider** durchtrennen.

Mit dem **Handrad** bringen Sie die Nadel in die gewünschte Position.

LEVEL_1

Führerschein-Trainer

1_ **Die elementaren Teile sind bei jeder Nähmaschine...**

☐ ... unterschiedlich. **(A)**

☐ ... gleich. **(B)**

☐ ... aus Kunststoff. **(C)**

2_ **Welche Vorteile haben Sie, wenn Sie Ihre Nähmaschine im Fachgeschäft kaufen?**

☐ Sie erhalten umfassende Beratung und können dort bei Problemen später Hilfe bekommen. **(A)**

☐ Sie erhalten immer einen Rabatt. **(B)**

☐ Sie bekommen automatisch jedes Jahr eine neue Maschine zugeschickt. **(C)**

3_ **Wozu dient der Fadengeber?**

☐ Er sortiert die Garnrollen. **(A)**

☐ Er leitet das Garn von der Spule zur Nadel. **(B)**

☐ Er berechnet den Garnverbrauch für ein Projekt. **(C)**

TESTAUSWERTUNG: Nur eine Antwort ist möglich. Notieren Sie zu jeder Frage die entsprechende Ziffer. Die Auflösung finden Sie auf Seite 144.

4_ Die Stichplatte...

☐ ... zeigt Ihnen welche Stiche Ihre Maschine nähen kann. **(A)**

☐ ... muss beim Nähen abgenommen werden. **(B)**

☐ ... befindet sich oberhalb der Unterfadenspule. **(C)**

6_ Welche Funktion hat die Nadelschraube?

☐ Mit der Nadelschraube gelingt das Einfädeln in die Nadel. **(A)**

☐ Ober- und Unterfaden können mithilfe der Nadelschraube durchtrennt werden. **(B)**

☐ Mit der Nadelschraube wird die Nähnadel fest gestellt. **(C)**

5_ Was versteht man unter einem Anschiebetisch?

☐ Eine Vergrößerung der Auflagefläche an der Nähmaschine. **(A)**

☐ Eine Erweiterung für den Tisch, die mehr Platz beim Zuschneiden bietet. **(B)**

☐ Eine zusätzliche Möglichkeit Spulen und Werkzeuge aufzubewahren. **(C)**

NÄH-REGELN

Wie beim Autofahren auch, sollten Sie beim Anlassen, Fahren und Parken Ihrer Maschine einige Sicherheitsmaßnahmen und Regeln beachten. Befolgen Sie die Wartungstipps für ein perfektes Fahrvergnügen!

Sicherheitsmaßnahmen

Beim Anlassen

1_Sorgen Sie für einen festen Stand der Nähmaschine.

2_Verbinden Sie zuerst das Kabel mit der Maschine.

3_Stecken Sie dann den Stecker in die Steckdose.

4_Stellen Sie zum Einschalten von Strom und Licht den Hauptschalter auf ON.

Beim Fahren

1_Platzieren Sie die Kabel so, dass ein Darüberstolpern oder Darübernähen
    ausgeschlossen ist.

2_Bitte Vorsicht, wenn Sie die Hände in der Nähe der Nadel haben.
    Nehmen Sie den Fuß vom Gas!

Beim Parken

1_Ziehen Sie zuerst den Stecker aus der Steckdose und dann den Maschinenstecker.

2_Legen Sie ein Stoffstück zwischen Nähfuß und Transporteur.
    Senken Sie den Nähfuß und stechen Sie die Nadel durch das Stoffstück
    in die Stichplatte indem Sie am Handrad drehen.

Tipp: Schützen Sie Ihre Nähmaschine mit einer Abdeckung vor Staub.

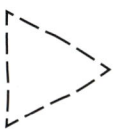

LEVEL_2

Alles bestens geregelt

Mit diesen Tipps wird das Arbeiten an der Nähmaschine zur Vergnügungsfahrt!

● Setzen Sie sich mit geradem Rücken vor die Maschine.

● Das Fußpedal sollten Sie bequem mit dem Fuß erreichen.

● Fädeln Sie Ober- und Unterfaden richtig ein.

● Legen Sie den Stoff unter den Nähfuß und senken Sie den Nähfuß ab.

● Stechen Sie mit der Nadel in den Stoff indem Sie langsam am Handrad drehen.

● Beginnen Sie mit den ersten Stichen.

● Führen Sie den Stoff mit beiden Händen. Wichtig: nicht schieben und nicht ziehen!

● Benützen Sie das Handrad oder drosseln Sie das Tempo mit dem Geschwindigkeitsregler an schwierigen Stellen, z. B. in Kurven und an Ecken.

● Anfang und Ende einer Naht sichern Sie durch kurzes Rückwärtsnähen. Dieser Vorgang wird auch „Verriegeln" genannt.

Wenn Sie eine Naht beendet haben, drehen Sie das Handrad so weit, bis Fadenheber und Nadel sich in der höchsten Position befinden. Dann stellen Sie den Nähfußheber hoch. Jetzt können Sie Ihr Nähprojekt vorsichtig nach hinten herausziehen.

Tipp: Schneiden Sie die Fadenenden direkt am Nähprojekt ab.

Wartungsarbeiten

Versorgen Sie Ihre Maschine ab und zu mit einem **Tropfen Öl.** Verwenden Sie dafür unbedingt spezielles Feinmechaniköl, denn es enthält keine Harze.

Verwenden Sie zum **Reinigen und Entstauben** immer einen Pinsel. Versuchen Sie nie, den Staub wegzupusten. Dadurch dringt er nur tiefer in die Mechanik der Maschine ein.

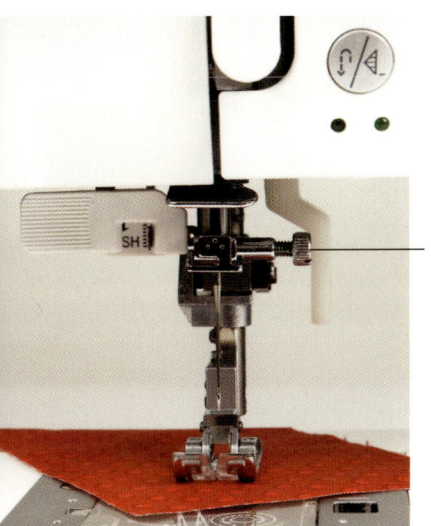

Nähmaschinennadel wechseln

1. Schalten Sie den Hauptschalter aus.
2. Legen Sie ein Stoffstück zwischen Nähfuß und Stichplatte.
3. Senken Sie den Nähfuß und bringen Sie die Nadel mit dem Handrad in die höchste Stellung.
4. Lösen Sie die **Nadelbefestigungsschraube** und nehmen Sie die alte Nadel nach unten heraus.
5. Setzen Sie die neue Nadel ein, achten Sie darauf, mit der Spitze der Nadel nirgends anzustoßen. Die flache Kolbenseite zeigt dabei nach hinten. Schieben Sie die Nadel bis zum Anschlag nach oben. Halten Sie die Nadel fest und drehen Sie die Befestigungsschraube zu.

LEVEL_2

Führerschein-Trainer

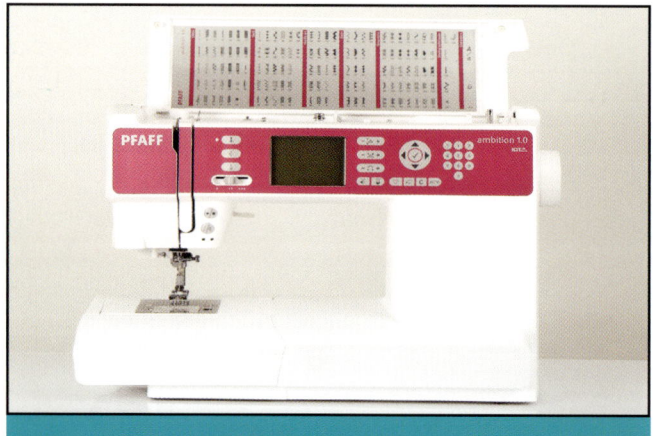

1__ Was müssen Sie beim Abbau der Nähmaschine beachten?

☐ Ich ziehe erst den Maschinenstecker und dann den Stecker aus der Steckdose. (**A**)

☐ Ich lege ein Stoffstück zwischen Fadenspannungsregler und Transporteur. (**B**)

☐ Ich stelle den Nähfuß und die Nadel nach unten. (**C**)

2__ Wie sollte das Fußpedal platziert sein?

☐ Es sollte bequem mit dem Fuß erreichbar sein. (**A**)

☐ Es wird zwischen die Knie geklemmt, wie bei einer Industriemaschine. (**B**)

☐ Es steht immer an der gleichen Stelle im 90-Grad-Winkel unter der Maschine. (**C**)

3__ Was müssen Sie während des Nähens beachten?

☐ Der Stoff wird mit beiden Händen geführt und nicht gezogen und geschoben. (**A**)

☐ Der Stoff wird gezogen, um besser um die Kurven nähen zu können. (**B**)

☐ Der Stoff wird mit beiden Händen geführt und nach Bedarf gezogen und geschoben. (**C**)

TESTAUSWERTUNG: Nur eine Antwort ist möglich.
Notieren Sie zu jeder Frage die entsprechende Ziffer.
Die Auflösung finden Sie auf Seite 144.

4_ Was versteht man unter „verriegeln"?

☐ Den Anfang und das Ende eines Fadens von Hand vernähen. (**A**)

☐ Den Anfang und das Ende einer Naht durch kurzes Rückwärtsnähen sichern. (**B**)

☐ Den Anfang und das Ende einer Naht durch einige Zickzackstiche sichern. (**C**)

6_ Wie wird die Nähmaschinennadel richtig eingesetzt?

☐ Die flache Seite des Nähnadelkolbens zeigt nach vorne. (**A**)

☐ Die flache Seite des Nähnadelkolbens zeigt nach hinten. (**B**)

☐ Die Spitze der Nähnadel wird zuerst in die Führung eingesetzt. (**C**)

5_ Wie reinigen und entstauben Sie die Nähmaschine?

☐ Ich reinige die Nähmaschine mit einem Pinsel aus dem Zubehör. (**A**)

☐ Es ist nicht nötig die Nähmaschine regelmäßig zu entstauben und zu reinigen. (**B**)

☐ Ich puste den Staub einfach weg, so kann er nicht in die Mechanik der Maschine eindringen. (**C**)

SERVICE CHECK

Jede Naht entsteht aus zwei Komponenten, dem Ober- und dem Unterfaden. Der Oberfaden ist später auf der Oberseite der Naht zu sehen. Der Unterfaden muss erst „aufgetankt" werden, bevor er in Position kommt.

Unterfaden aufspulen

1. Stecken Sie die Garnrolle auf den Garnrollenhalter (**A**) und führen Sie das Fadenende gegen den Uhrzeigersinn um die Spannungsscheibe (**B**).

2. Fädeln Sie das Fadenende von innen nach außen durch das Loch in der leeren Unterfadenspule (**C**) und setzen Sie diese auf die Spulenspindel (**D**).

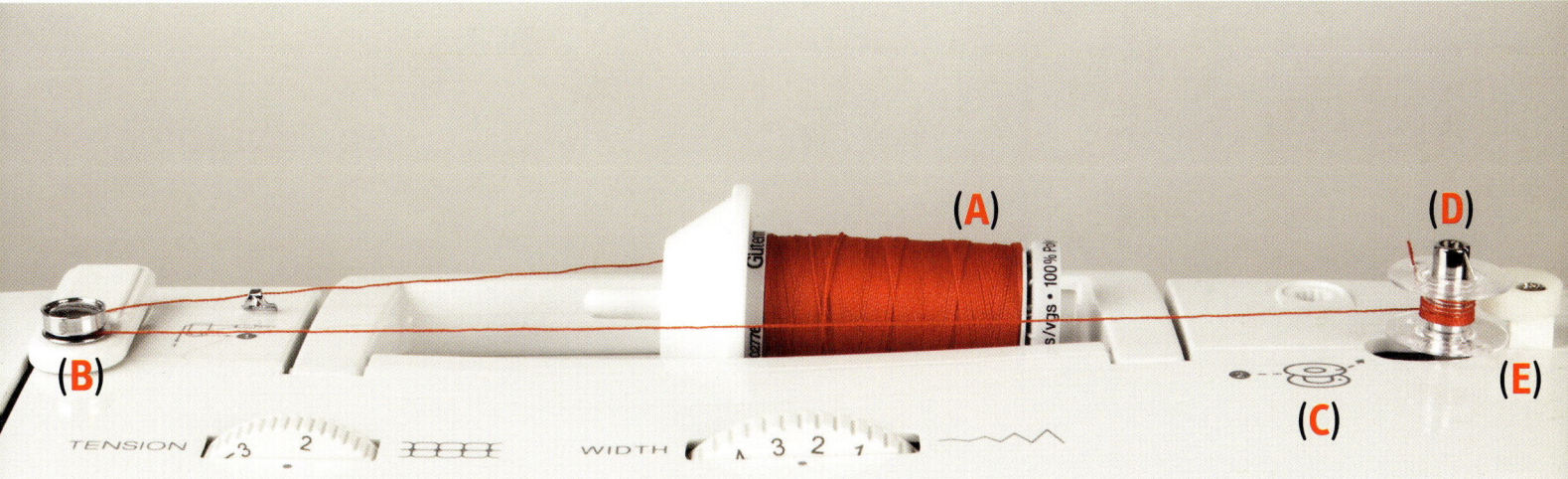

3. Schieben Sie die Spule nach rechts (**E**) und halten Sie das Fadenende fest, bis der Faden durch das Aufspulen fixiert ist.

4. Drücken Sie das Fußpedal, um den Spulvorgang zu beginnen. Geben Sie nicht gleich Vollgas, sondern sorgen Sie mit konstantem Druck für gleichmäßiges und straffes Aufspulen.

5. Entnehmen Sie die volle Spule indem Sie die Spule wieder nach links schieben. Schneiden Sie den Faden ab und nehmen Sie die Spule von der Spindel.

Tipp: Während Sie den Unterfaden aufspulen kann nicht genäht werden.

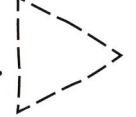

LEVEL_3

(A)
(B)
(C)
(D)
(E)
(F)
(G)

TENSION

3 2

WIDTH

3 2

SINGER | Tale

Oberfaden einfädeln

1. Bringen Sie die Nadel in die höchste Stellung (**A**). Bei der mechanischen Maschine drehen Sie dafür das Handrad so lange entgegen dem Uhrzeigersinn, bis die Nadel beginnt sich wieder abwärts zu bewegen. Bei der computergesteuerten Maschine tippen Sie dafür die Taste „Nadel Hoch-/Tiefstellung".

2. Stecken Sie eine Garnrolle auf den Halter (**B**).

3a Bei der mechanischen Maschine: Ziehen Sie den Faden durch die Oberfadenführung (**C**) und dann durch die Vorspannungsfeder (**D**).

3b Bei der computergesteuerten Maschine (rechts): Ziehen Sie den Faden von hinten nach vorn in die Fadenführungen (**C**) und dann zwischen den Fadenspannungsscheiben hindurch (**D**).

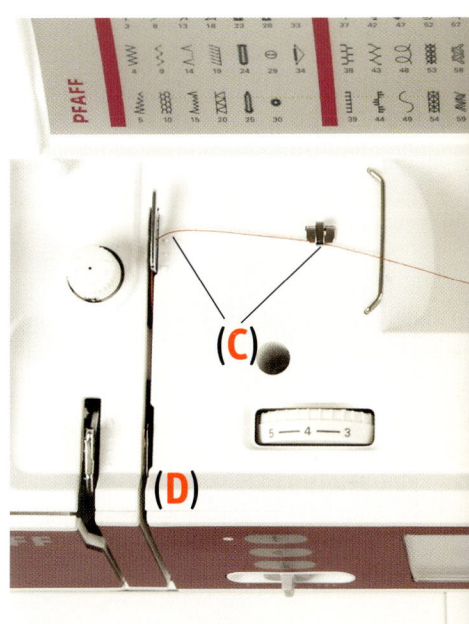

4. Fädeln Sie den Faden anschließend erst im rechten Einfädelschlitz nach unten und dann im linken wieder nach oben (**E**). Dabei ist es hilfreich, wenn Sie den Faden zwischen Garnrolle und Fadenführung festhalten.

5. Führen Sie den Faden ganz oben von rechts nach links durch die Öse des Fadengebers (**F**) und anschließend im linken Einfädelschlitz wieder nach unten.

6. Führen Sie jetzt das Garn durch die untere Fadenführung (**G**) und weiter nach unten zum Nadelöhr.

7. Fädeln Sie das Garn mithilfe des integrierten Nadeleinfädlers von vorne nach hinten durch das Nadelöhr. Senken Sie dafür den Nähfuß ab und ziehen Sie den Einfädler ganz nach unten. Führen Sie den Faden um den hinteren Haken des Einfädlers herum und vor der Nadel unter den Einfädelhaken. Lassen Sie den Einfädler los und ziehen Sie die gebildete Fadenschlinge nach hinten aus der Nadel heraus.

8. Schneiden Sie den Faden mit dem integrierten Fadenschneider auf die richtige Länge zu.

Tipp: Schalten Sie die Maschine vor dem Einfädeln aus.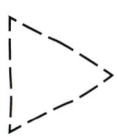

LEVEL_3

Spule einlegen

Tipp: Um ein ebenmäßiges Stichbild zu erhalten, sollten Sie für Ober- und Unterfaden die gleiche Garnqualität wählen.

1_Bringen Sie die Nadel durch Drehen des Hand-rads bzw. durch Tippen der Taste „Nadel Hoch-/Tief-stellung" in die höchste Position.

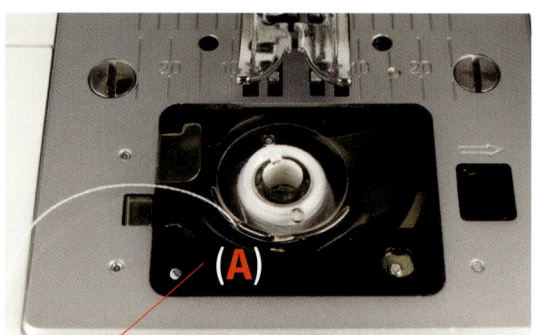

2_Entfernen Sie die Spulenabdeckung.

3_Legen Sie die Spule so in die Spulenkapsel ein, dass der Faden gegen den Uhrzeigersinn verläuft.

4_Führen Sie den Faden durch den Schlitz **(A)**.

Schalten Sie die Maschine immer aus, bevor Sie die Spule einlegen.

Jetzt müssen Sie nur noch den Unterfaden heraufholen.

1. Halten Sie den Oberfaden mit der linken Hand fest und drehen Sie das Handrad mit der rechten Hand, sodass die Nadel sich erst nach unten und dann wieder nach oben bewegt.

2. Ziehen Sie den Oberfaden vorsichtig nach oben, damit der Unterfaden hochkommt.

3. Ziehen Sie nun beide Fäden unter dem Nähfuß ca. 15 cm nach hinten.

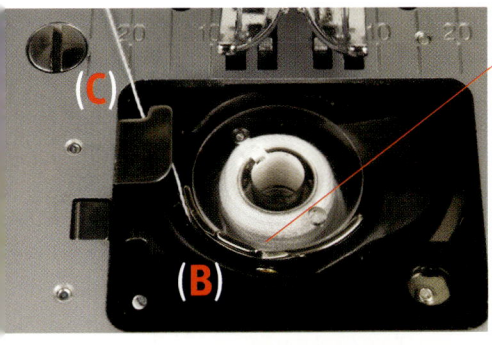

5a_ Bei der mechanischen Maschine: Ziehen Sie den Faden, bis er in der Kerbe einrastet (**B**) und danach ca. 15 cm nach hinten (**C**).

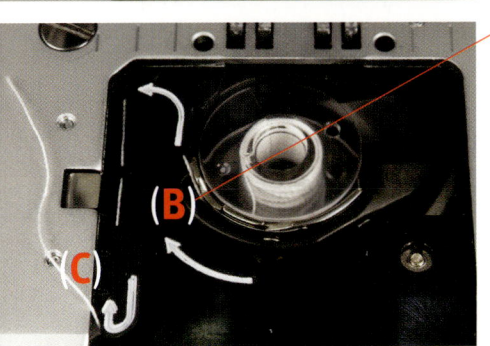

5b_ Bei der computergesteuerten Maschine: Ziehen Sie den Faden entlang der Pfeilmarkierungen in die Fadenführungen der Stichplatte (**B**) und dann über die Schneide, um das Fadenende zu kürzen (**C**).

6_ Schließen Sie die Spulenabdeckung.

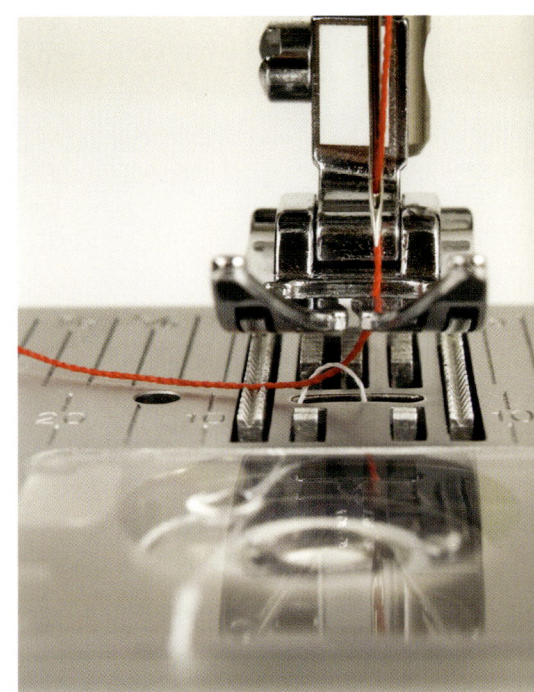

LEVEL_3

Vorsicht, Spannung!

Eine ausgewogene Fadenspannung ist die Grundbedingung für ein schönes Stichbild.

Beim Einfädeln wird der Oberfaden durch zwei Spannungsscheiben geführt, die ihn während des Nähens festhalten und anspannen. Ist diese Spannung zu schwach, bilden sich kleine Schlingen und die Naht hat keine Festigkeit. Die Verschlingung von Ober- und Unterfaden ist auf der unteren Stoffseite sichtbar. Ist die Spannung zu stark, zieht sich der Stoff an der Naht zusammen. Die Verschlingung von Ober- und Unterfaden ist auf der oberen Stoffseite sichtbar.

Die Oberfadenspannung lässt sich bei den meisten Maschinen mit einem Rädchen vorne oder seitlich am Kopfteil der Nähmaschine einstellen. Für den Steppstich (siehe Seite 80) verwendet man normalerweise eine mittlere Oberfadenspannung, für Zickzack-stiche (siehe Seite 100) muss die Spannung meist etwas gelockert werden.

Beim Nähen umschlingt der Oberfaden den Unterfaden genau in der Mitte der Stofflagen.

Die hier vorgestellten Maschinen besitzen keine herausnehmbare Unterfaden-Spulen-kapsel, das heißt, die Unterfadenspannung ist bereits vom Werk voreingestellt und muss nicht verändert werden.

Eine exakte Fadenspannung ist entscheidend für ein sauberes Nähergebnis. Sie muss je nach Faden und Stoff neu reguliert werden.

Tipp: Bei Stickarbeiten sollten Sie die Oberfadenspannung etwas lockerer einstellen.

LEVEL_3

Führerschein-Trainer

1_ Was müssen Sie beim Einlegen der Unterfadenspule beachten?

☐ Ich bringe die Nadel durch Drehen des Handrads bzw. durch Tippen der Taste „Nadel Hoch-/Tiefstellung" in die höchste Position. (**A**)

☐ Ich lasse die Nähmaschine während des Spulenwechsels immer eingeschaltet. (**B**)

☐ Ich bringe die Nadel durch Tippen der Taste „Nadel Hoch-/Tiefstellung" in die tiefste Position. (**C**)

2_ Welche Aussage über den Unterfaden ist richtig?

☐ Der Unterfaden sollte aus möglichst dünnem Garn bestehen. (**A**)

☐ Viele moderne Nähmaschinen regulieren Ober- und Unterfadenspannung automatisch. (**B**)

☐ Während des Aufspulens des Unterfadens kann nicht genäht werden. (**C**)

3_ Der Unterfaden kann aufgespult werden, wenn...

☐ ... das Fadenende mehrfach um die Spannungsscheibe gewickelt wird. (**A**)

☐ ... die Spule nach links gedrückt und das Fadenende festgehalten wird. (**B**)

☐ ... das Fadenende gegen den Uhrzeigersinn um die Spannungsscheibe gezogen ist. (**C**)

TESTAUSWERTUNG: Nur eine Antwort ist möglich. Notieren Sie zu jeder Frage die entsprechende Ziffer. Die Auflösung finden Sie auf Seite 144.

4_ Was müssen Sie beim Einfädeln des Oberfadens beachten?

☐ Vor dem Einfädeln muss die Nadel in die höchste Stellung gebracht werden. (**A**)

☐ Das Handrad wird im Uhrzeigersinn gedreht. (**B**)

☐ Die Nähmaschine muss während des Einfädelns eingeschaltet sein. (**C**)

5_ Welche Aussage trifft auf die Oberfadenspannung zu?

☐ Die Oberfadenspannung ist für das Nähergebnis unerheblich. (**A**)

☐ Damit die Stiche gleichmäßig erscheinen, muss die Oberfadenspannung auf 1 stehen. (**B**)

☐ Die Oberfadenspannung kann reguliert werden. (**C**)

6_ Die Oberfadenspannung ist korrekt eingestellt, wenn...

☐ ... die Ober- und Unterfadenverschlingung auf der unteren Stoffseite sichtbar ist. (**A**)

☐ ... die Ober- und Unterfadenverschlingung genau in der Mitte der Stofflagen liegt und nicht zu sehen ist. (**B**)

☐ ... die Ober- und Unterfadenverschlingung auf der oberen Stoffseite sichtbar ist. (**C**)

KRAFT-STOFF

Es lohnt sich, über die Ausgangsmaterialien der verschiedenen Stoffe und ihre Eigenschaften Bescheid zu wissen. Damit am Ende auch noch die richtige Seite nach außen zeigt, erfahren Sie, was es mit „rechts vor links" auf sich hat.

Faserkunde

Stoffe und Garne werden aus Fasern hergestellt. Diese werden in Natur- und Chemiefasern eingeteilt. Die Eigenschaften eines Stoffes hängen zu einem erheblichen Teil von der Beschaffenheit der verwendeten Fasern ab. Neben der Stoffkonstruktion, seiner Web- oder Strickart und seiner Färbung, entscheiden die Fasern beispielsweise darüber, ob der Stoff eher leicht oder schwer ist, wie er fällt und ob er maschinenwaschbar ist oder in die Reinigung gebracht werden muss.

Aus allen Fasern, die Sie auf den nächsten Seiten kennenlernen, lassen sich sowohl Webstoffe als auch Strickstoffe herstellen. **Webstoffe** werden auf Webstühlen produziert. Fäden, die in Längsrichtung des Gewebes verlaufen, heißen Kettfäden. Fäden, die quer dazu laufen, nennt man Schussfäden. **Strickstoffe** bestehen aus ineinander verschlungenen Maschen. Sie sind meistens elastisch und knitterarm und eignen sich deshalb besonders gut für Kleidung. Kein Wunder also, dass das wohl beliebteste Oberbekleidungsstück, das T-Shirt, aus Strickstoff hergestellt wird.

Tipp: Lassen Sie sich bei der Stoffwahl im Fachhandel umfassend beraten.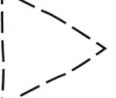

LEVEL_4

Natur und Chemie

Zu den **NATURFASERN** zählen: Baumwolle, Leinen, Wolle und Seide.

BAUMWOLLE hat viele positive Eigenschaften: Die Stoffe daraus sind sehr hautfreundlich, widerstands- und strapazierfähig und werden in einer großen Auswahl an Qualitäten, Farben und Drucken angeboten. Sie sind vielseitig einsetzbar und ihre einfache Verarbeitung macht großen Spaß! Die meisten Übungs-Projekte aus diesem Buch werden Sie deshalb aus diesem sympathischen Material nähen. Ausgangsmaterial sind die Samenkapseln der Baumwollpflanze. Aus Baumwolle werden viele der bekanntesten Stoffsorten hergestellt, z. B. Baumwollsatin, Cord, Damast, Denim, Flanell, Frottier, Jersey und Samt. Ihre Pflege ist unproblematisch, Baumwolle lässt sich leicht in der Maschine waschen.

LEINEN wird aus den Fasern der Flachspflanze hergestellt. Es lässt sich sehr einfach verarbeiten. Leinenstoffe sind Schmutz abweisend und sehr saugfähig, knittern aber stark.

SEIDE wird aus dem Kokon der Seidenraupe gewonnen. Sie ist angenehm zu tragen, denn sie kühlt bei Hitze und wärmt bei Kälte. Seidenstoffe sollten besser in die Reinigung gegeben werden.

WOLLE wird aus den Haaren von Schafen hergestellt. Stoffe aus dieser Faser wärmen und sind schwer entflammbar. Wollstoffe können beim Waschen verfilzen und einlaufen.

Zu den **CHEMIEFASERN** zählen:

ZELLULOSISCHE CHEMIEFASERN, z. B. Viskose, die aus pflanzlichen Rohstoffen (Zellulose) hergestellt werden und **SYNTHETISCHE CHEMIEFASERN**, z. B. Polyester, Polyamid, Polyacryl, die aus Erdöl hergestellt werden.

In der Textilproduktion wird heute sehr viel mit Kunstfasern gearbeitet. Die hautsympathische Baumwolle stellt aber immer noch einen festen Bestandteil der Bekleidungsindustrie dar.

LEVEL_4

Stoffseiten: Rechts vor Links!

Jeder Stoff hat seine zwei Seiten, eine rechte und eine linke. Das, was beim Kleidungs-stück nach außen zeigt, ist die rechte Seite. Bei bedruckten Stoffen ist die rechte Seite meist einfach zu erkennen. Bei unifarbenen Stoffen erkennen Sie die rechte Seite an den kleinen Löchern in der Webkante: Die glatte Seite der Löcher liegt auf der linken Stoff-seite. Bitte beachten Sie beim Zuschnitt, dass alle Schnittteile auf der linken Stoffseite zugeschnitten werden, damit beim fertigen Modell immer die rechte Seite außen ist.

Stoffe werden als fertige Zuschnitte, als Coupons oder von Stoffballen verkauft. Im Stoffgeschäft sind die Stoffe meist auf Pappbretter oder Pappröhren gewickelt und mit einem Etikett ausgezeichnet. Dieses gibt Auskunft über Material, Pflegeeigenschaften, Preis pro Meter und eventuell den Hersteller. Die übliche Stoffbreite liegt zwischen 90 cm und 160 cm.

Tipp: Fragen Sie im Stoffgeschäft nach Stoffresten. So können Sie manches Schnäppchen erstehen.

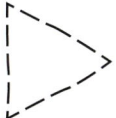

LEVEL_4

Führerschein-Trainer

1_ **Woraus wird Leinen hergestellt?**

- Aus den Samenkapseln der Baumwollpflanze. (**A**)
- Aus den Fasern der Flachspflanze. (**B**)
- Aus Zellulose. (**C**)

2_ **Welcher Stoff wird aus Baumwolle hergestellt?**

- Tweed (**A**)
- Frottier (**B**)
- Fleece (**C**)

3_ **Welche der folgenden Aussagen ist zutreffend?**

- Leinen ist Schmutz abweisend und sehr saugfähig. (**A**)
- Seide lässt sich problemlos in der Waschmaschine waschen. (**B**)
- Wolle kühlt bei Hitze, wärmt bei Kälte und ist schwer entflammbar. (**C**)

TESTAUSWERTUNG: Nur eine Antwort ist möglich. Notieren Sie zu jeder Frage die entsprechende Ziffer. Die Auflösung finden Sie auf Seite 144.

4_ In welche Richtung eines Webstoffes verlaufen die Kettfäden?

- ☐ In Querrichtung des Gewebes. **(A)**
- ☐ In Längsrichtung des Gewebes. **(B)**
- ☐ Die Kettfäden verlaufen in Längs- und Quer-richtung eines Gewebes. **(C)**

6_ Woran kann man die rechte Seite eines Stoffes erkennen?

- ☐ Die rechte Stoffseite ist das, was bei Kleidungs-stücken nach innen zeigt. **(A)**
- ☐ Bei Stoffen, die zusammengefaltet sind, liegt die rechte Stoffseite innen. **(B)**
- ☐ Bei Webstoffen kann man die rechte Stoffseite an den kleinen Löchern in der Webkante er-kennen. Die raue Seite der Löcher liegt rechts. **(C)**

5_ Strickstoffe...

- ☐ ... werden immer aus Wolle hergestellt. **(A)**
- ☐ ... sind meistens elastisch. **(B)**
- ☐ ... haben eine sehr grobe Struktur. **(C)**

WERK-
ZEUG

Ein gut bestückter Werkzeugkasten gehört zu jeder Näh-Grundausrüstung. Was sie unbedingt im Kofferraum haben sollten, erfahren Sie auf den nächsten Seiten.

Werkzeugkasten

Scheren

Zum Zuschneiden von Stoffen brauchen Sie eine gute Schneiderschere (**3**). Das Besondere der Schneiderschere ist, dass ihr unterer Scherenhebel beim Schneiden flach aufliegt. So müssen Sie den Stoff nicht anheben und erzielen einen geraden Schnitt. Schneiden Sie niemals Papier mit dieser Schere, da sie dadurch schnell stumpf werden kann.

Zum Zuschneiden von Papierschnitten brauchen Sie deshalb eine Papierschere (**1**).

Ein weiteres Must-have ist eine kleine Schere mit einer feinen Spitze (**2**). Damit schneiden Sie Fadenenden sauber ab.

LEVEL_5

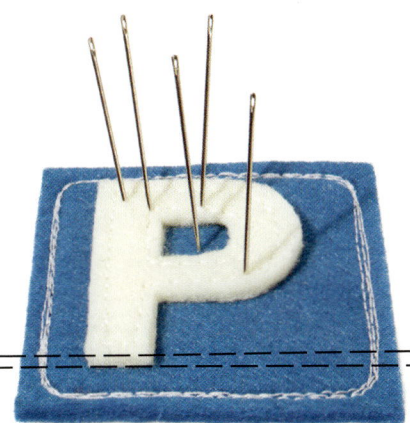

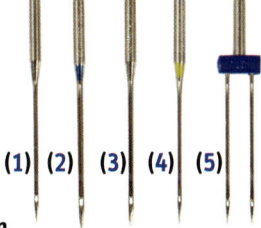

Textilkleber

Textilkleber eignet sich besonders zum Kleben sämtlicher Stoffarten und -stärken sowie für Saum- und Ausbesserungsarbeiten und Applikationen.

Handnähnadeln

Legen Sie sich ein kleines Sortiment Handnähnadeln in verschiedenen Stärken und Längen zu. Je feiner der Stoff, desto dünner sollte die Nadel sein.

Maßband (1)

Mit dem Maßband messen Sie Stoffteile und Körpermaße genau aus. Es sollte flexibel sein, aber nicht dehnbar.

Geodreieck und Lineal (2)

Geodreieck und Lineal sind sehr praktisch, um damit Vorlagen zu übertragen oder den Abstand von Nahtzugaben anzuzeichnen.

Handmaß (3)

Das Handmaß dient zum Abmessen von kurzen Abständen und zum Einzeichnen von Nahtzugaben.

Schnittmusterpapier (4)

Schnittmusterpapier benötigen Sie zum Übertragen der Schnittmuster. Alternativ können Sie auch einfaches Backpapier, Seidenpapier oder Butterbrotpapier verwenden.

Kopierpapier (5)

Zum genauen Übertragen von Schnittteilen verwenden Sie Kopierpapier.

Gewichte (6)

Gewichte sind hilfreich, um das Schnittmusterpapier auf der Vorlage oder auf dem Stoff zu fixieren.

Stecknadeln (7)

Stecknadeln gibt es in verschiedenen Ausführungen mit großen Köpfen aus Kunststoff oder Glas oder mit kleinen Metallköpfen.

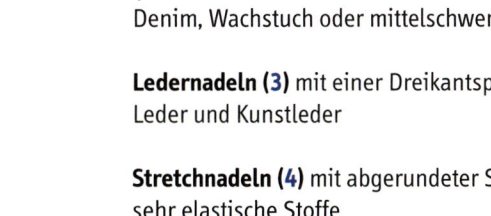

(1) (2) (3) (4) (5)

Nähmaschinennadeln

Wenn Sie eine Nähmaschine neu kaufen, ist gleich ein Päckchen Nähmaschinennadeln dabei. Sie sollten immer ein Sortiment verschiedener Nadeln vorrätig haben.

Für die Projekte aus diesem Buch benötigen Sie einfache **Universalnadeln (1)** mit normaler Spitze. Mit diesen Nadeln lassen sich fast alle gewebten Naturfaser- und Synthetikstoffe verarbeiten.
Für besondere Näharbeiten eignen sich folgende Spezialnadeln:

Jeansnadeln (2) mit sehr schlanker Spitze für Denim, Wachstuch oder mittelschwere Stoffe

Ledernadeln (3) mit einer Dreikantspitze für Leder und Kunstleder

Stretchnadeln (4) mit abgerundeter Spitze für sehr elastische Stoffe

Zwillingsnadeln (5) mit normaler und abgerundeter Spitze für ein- oder zweifarbige Absteppnähte.

Tauschen Sie Ihre Nähmaschinennadeln regelmäßig aus, da sie bei häufigem Gebrauch stumpf werden können.

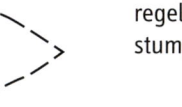

LEVEL_5

Bügeleisen

Ein Bügeleisen mit Dampffunktion benötigen Sie um Stoffe und Nähte zu glätten. Waschbare Stoffe sollten Sie vor der Verarbeitung immer waschen und bügeln. Wenn Sie die Nähte nach jedem Schritt exakt ausbügeln, bekommen Sie ein schönes Nähergebnis.

Bügeltuch

Verwenden Sie ein weißes Stoffstück aus reiner Baumwolle als Bügeltuch. Legen Sie das Bügeltuch beim Bügeln zwischen Ihren Arbeitsstoff und das Bügeleisen. Dadurch verhindern Sie, dass auf dem Arbeitsstoff ein Glanz entsteht.

Bügelbrett

Verwenden Sie ein gepolstertes Bügelbrett, sonst drücken sich Nähte und Ränder durch und zeichnen sich im Stoff ab.

Trickmarker (1)

Trickmarker eignen sich sehr gut zum Übertragen von Markierungen auf Stoff. Sie verschwinden nach kurzer Zeit von allein oder werden mit Wasser ausgewaschen. Testen Sie den Trickmarker an einem Probestück!

Filzstift (2)

Mit Filzstiften können Sie Vorlagen auf Vliesofix übertragen. Vliesofix ist ein Haftvlies, das beispielsweise beim Applizieren zum Einsatz kommt (siehe Seite 104).

Schneiderkreidestifte (3)

Schneiderkreidestifte lassen sich leicht anspitzen und werden zum Anzeichnen auf Stoff verwendet. Es gibt sie in verschiedenen Farben. Weiße Schneiderkreide lässt sich leicht wieder auswaschen.

Nähgarn

Verwenden Sie für Ober- und Unterfaden die gleiche Garnqualität. Ein „Allesnäher-Garn" (4) besteht meist aus Polyester und eignet sich für fast alle Stoffe und Näharbeiten. Reines Baumwollgarn (5) wird bei der Verarbeitung von Naturmaterialien wie Baumwolle und Leinen verwendet. Wenn Sie eine möglichst unsichtbare Naht nähen möchten, wählen Sie ein Garn im passenden Farbton zum Stoff. Im Zweifel sollte es eher etwas heller sein als der Stoff.

Nahttrenner (6)

Mit seiner feinen Pfeilspitze gleitet der Nahttrenner mühelos unter den genähten Stich. Durch leichten Zug wird der Stich aufgeschnitten.

LEVEL_5

Führerschein-Trainer

1__ Woran erkennen Sie eine Schneiderschere?

■ Sie ist klein und hat eine sehr feine Spitze. (**A**)

■ Sie ist so geformt, dass die untere Kante beim Schneiden flach aufliegt. (**B**)

■ Sie hat eine kurze Schneidefläche und eine abgerundete Spitze. (**C**)

2__ Welches Papier verwenden Sie zum Übertragen von Schnittmustern?

■ Tonpapier, damit der Schnitt stabil ist. (**A**)

■ Kopierpapier. (**B**)

■ Ein transparentes Papier, durch das das Schnittmuster gut erkennbar ist. (**C**)

3__ Was kennzeichnet eine Universalnadel?

■ Eine normal geformte Spitze. (**A**)

■ Eine Dreikantspitze. (**B**)

■ Eine abgerundete Spitze. (**C**)

TESTAUSWERTUNG: Nur eine Antwort ist möglich. Notieren Sie zu jeder Frage die entsprechende Ziffer. Die Auflösung finden Sie auf Seite 144.

4 __ Wie funktionieren Trickmarker?

☐ Trickmarker fixieren alle Markierungen und sind nicht auswaschbar. (**A**)

☐ Trickmarker verschwinden nach kurzer Zeit von allein oder werden mit Wasser ausgewaschen. (**B**)

☐ Trickmarker verändern auf dem Stoff die Farbe und sind extrem lang haltbar. (**C**)

6 __ Welches Nähgarn kann für die meisten Näharbeiten verwendet werden?

☐ Heftgarn, weil es sehr belastbar ist und für alle Näharbeiten eingesetzt werden kann. (**A**)

☐ Polyestergarn, weil es reißfest und sehr belastbar ist. (**B**)

☐ Transparentes Nähgarn, weil es sehr fein und geschmeidig ist. (**C**)

5 __ Wozu verwenden Sie einen Nahttrenner?

☐ Mit der feinen Pfeilspitze fährt man in den Stoff und durchtrennt die Fäden. (**A**)

☐ Mit der feinen Pfeilspitze fährt man unter den genähten Stich und durchtrennt den Stoff. (**B**)

☐ Mit der feinen Pfeilspitze fährt man unter den genähten Stich und durchtrennt ihn. (**C**)

Glückwunsch! Den theoretischen Teil haben Sie
nun gemeistert. Jetzt heißt es: Anschnallen und ab auf
die Überholspur! Level für Level gewinnen Sie
an Nähpraxis. Sie erhöhen Ihr Tempo mit spannenden
Nähprojekten in ansteigenden Schwierigkeitsgraden.
Geben Sie Gas und starten Sie durch!

Praxis

TEST-FAHRT

Ihre erste Fahrt an der Maschine ist eine Sprit sparende Trockenübung. Danach machen Sie sich mit dem Steppstich vertraut und drehen damit einige Runden auf Papier. Ihre ersten drei Modelle entstehen!

Nähen auf Papier

Starten Sie mit einer Testfahrt und nähen Sie einige Runden ohne Faden auf Papier! Die komplette Übungsstrecke finden Sie auf Seite 58 - 59. Jetzt hat Ihre Nähmaschine die richtige Betriebstemperatur erreicht. Zeit mit ihr auf große Fahrt zu gehen!

Den ersten Meilenstein bilden dekorative Papier-Girlanden (Schwierigkeitsgrad_■), die als Raumteiler oder Mobile Akzente setzen. Anlass zu weiterer Fahrpraxis gibt die Motivationskarte „Yes, we can!": Nähen Sie gleich mehrere Karten und beschenken Sie liebe Freundinnen (Schwierigkeitsgrad_■■).

Im Fortgeschrittenen-Level warten Clubanhänger mit Ihrer persönlichen Glückszahl (Schwierigkeitsgrad_■■■) auf vielfältigen Einsatz. Prüfen Sie Ihr Wissen zum Abschluss der Etappe mit dem kleinen Test auf Seite 68 - 69.

Tipp: Sammeln Sie Ihre Teststrecken! Die perforierten Papiere lassen sich zu dekorativen Tischsets, Windlichthüllen, Brief- und Geschenkpapier weiterverarbeiten.

LEVEL_1

Trockenübung

Die Vorlagen zum Herunterladen
finden Sie im Internet unter
www.naehmaschinen-fuehrerschein.de
und auf dem Vorlagenbogen.

Schwierigkeitsgrad__

Nähen Sie die geraden Linien in zügigem Tempo.
So fällt es Ihnen leichter, die Spur zu halten.
Nachdem Sie auf den gezeichneten Linien entlang genäht haben, versuchen Sie parallel
dazu, mit 7 mm Abstand, das heißt „füßchenbreit", weitere Linien zu nähen. Orientieren Sie
hierfür die linke Außenkante des Nähfußes
an den gezeichneten Linien.

Versuchen Sie auch in unterschiedlichen Abständen zu den Rändern des Papiers zu nähen,
z. B. im Abstand von 5 mm, 10 mm oder 15 mm.
Folgen Sie dafür den Markierungen auf der
Stichplatte Ihrer Nähmaschine.

Sobald Sie gut auf Abstand nähen können,
müssen Sie auf den Stoffteilen keine Nahtlinien
mehr einzeichnen, sondern können freihand
mit etwas Abstand zur Schnittkante nähen.

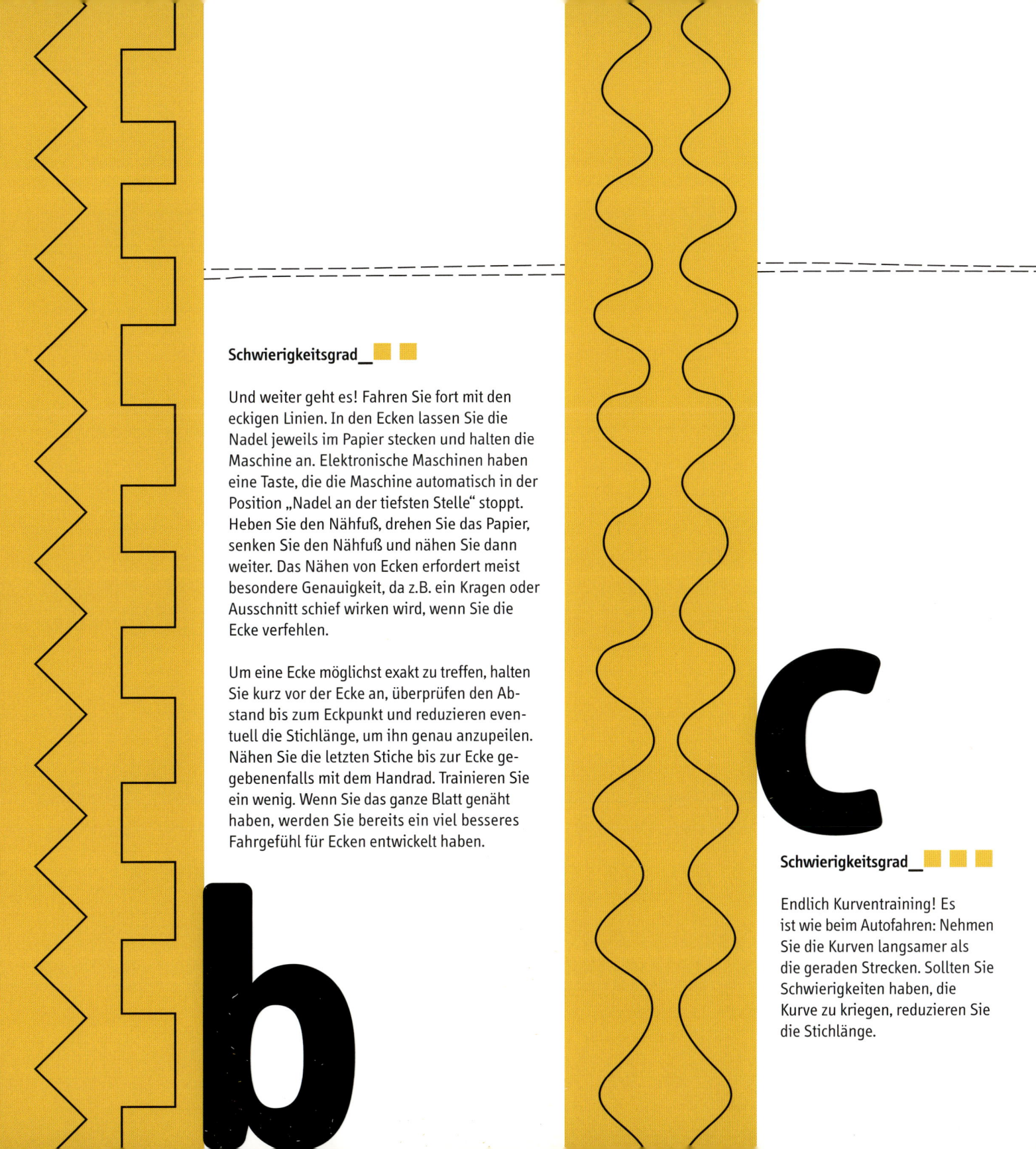

Schwierigkeitsgrad_ ■ ■

Und weiter geht es! Fahren Sie fort mit den eckigen Linien. In den Ecken lassen Sie die Nadel jeweils im Papier stecken und halten die Maschine an. Elektronische Maschinen haben eine Taste, die die Maschine automatisch in der Position „Nadel an der tiefsten Stelle" stoppt. Heben Sie den Nähfuß, drehen Sie das Papier, senken Sie den Nähfuß und nähen Sie dann weiter. Das Nähen von Ecken erfordert meist besondere Genauigkeit, da z.B. ein Kragen oder Ausschnitt schief wirken wird, wenn Sie die Ecke verfehlen.

Um eine Ecke möglichst exakt zu treffen, halten Sie kurz vor der Ecke an, überprüfen den Abstand bis zum Eckpunkt und reduzieren eventuell die Stichlänge, um ihn genau anzupeilen. Nähen Sie die letzten Stiche bis zur Ecke gegebenenfalls mit dem Handrad. Trainieren Sie ein wenig. Wenn Sie das ganze Blatt genäht haben, werden Sie bereits ein viel besseres Fahrgefühl für Ecken entwickelt haben.

b

c

Schwierigkeitsgrad_ ■ ■ ■

Endlich Kurventraining! Es ist wie beim Autofahren: Nehmen Sie die Kurven langsamer als die geraden Strecken. Sollten Sie Schwierigkeiten haben, die Kurve zu kriegen, reduzieren Sie die Stichlänge.

LEVEL_1

Workshop: Steppstich auf Papier

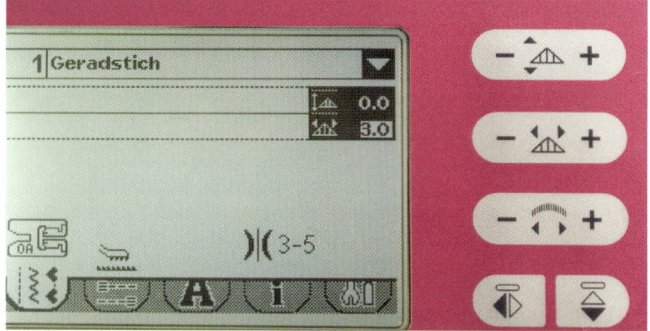

1 Wählen Sie an Ihrer Maschine die Einstellung „Steppstich" bzw. „Geradstich" aus und stellen Sie die gewünschte Stichlänge ein. Haben Sie eine mechanische Maschine, drehen Sie dafür am Stichwählrad bzw. am Stichlängenrad. Besitzen Sie eine computergesteuerte Maschine, wählen Sie die Einstellungen auf dem Display aus.

3 Halten Sie mit der linken Hand die Nähfäden und das Papier seitlich vom Nähfuß etwas fest. Durch leichten Druck auf das Fußpedal nähen Sie ein paar Stiche im entsprechenden Abstand zur Papierkontur.

2 Legen Sie das Papier unter den Nähfuß, und senken Sie den Nähfuß ab. Achten Sie darauf, dass die Nadel genau in den Anfangspunkt Ihrer Markierung einstechen kann.

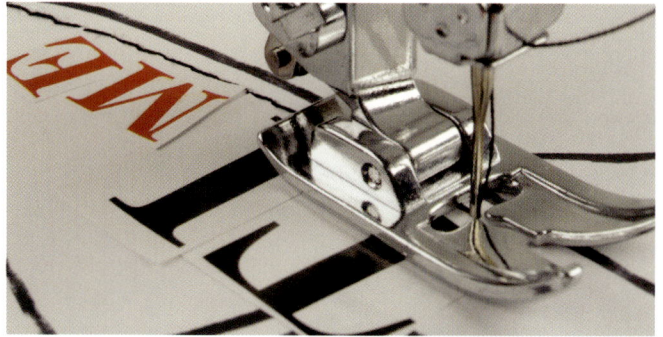

4 Nähen Sie 3 - 5 Stiche vorwärts, stoppen Sie und drücken Sie die Rückwärtstaste. Nähen Sie die gleiche Stichanzahl zurück, bis zum Nahtanfang. Stoppen Sie wieder kurz und nähen bzw. „steppen" Sie nun die gewünschte Nahtlänge.

5 Führen Sie das Papier nur ganz leicht während des Nähens und ziehen und schieben Sie nicht. Machen Sie auch immer einen kleinen Nähstopp, um das Papier vor dem Nähfuß optimal auszurichten. Am Nahtende nähen Sie wieder 3 - 5 Stiche zurück und anschließend die gleiche Stichzahl nochmals nach vorne. Heben Sie den Nähfuß an, stellen Sie die Nadel hoch und ziehen Sie das Papier seitlich heraus. Schneiden Sie die Fadenenden nicht zu kurz ab. Ziehen Sie die Fadenenden auf die Rückseite des Papiers, verknoten Sie sie und schneiden Sie sie ab.

Tipp: Reservieren Sie sich eine Universal-nadel nur für Papierarbeiten. Kennzeichnen Sie diese Nadel mit einem Filzstiftpunkt, da die Spitze der Nadel beim Nähen auf Papier schnell stumpf wird und dann für Stoffarbeiten nicht mehr geeignet ist. Arbeiten Sie zur Abwechslung auch mal mit anderen Untergründen als Papier, z. B. mit Pappkarton. Wenn er nicht zu dick ist, eignet er sich hervorragend. Geburtstags- oder Einladungskarten lassen sich daraus schnell gestalten. Schneiden Sie dazu die entsprechenden Wörter aus Zeitschriften aus und nähen Sie sie dann auf Pappkarton.

Nähen auf Papier _■

Genug der Trockenübungen! Jetzt sind Sie bereit für Ihr erstes Projekt aus Papier: Eine wunderbar wandelbare Girlande. Vom Mobile bis zum Raumteiler ist alles möglich.
Tipp: Experimentieren Sie mit verschiedenen Papieren oder Zeitungen.

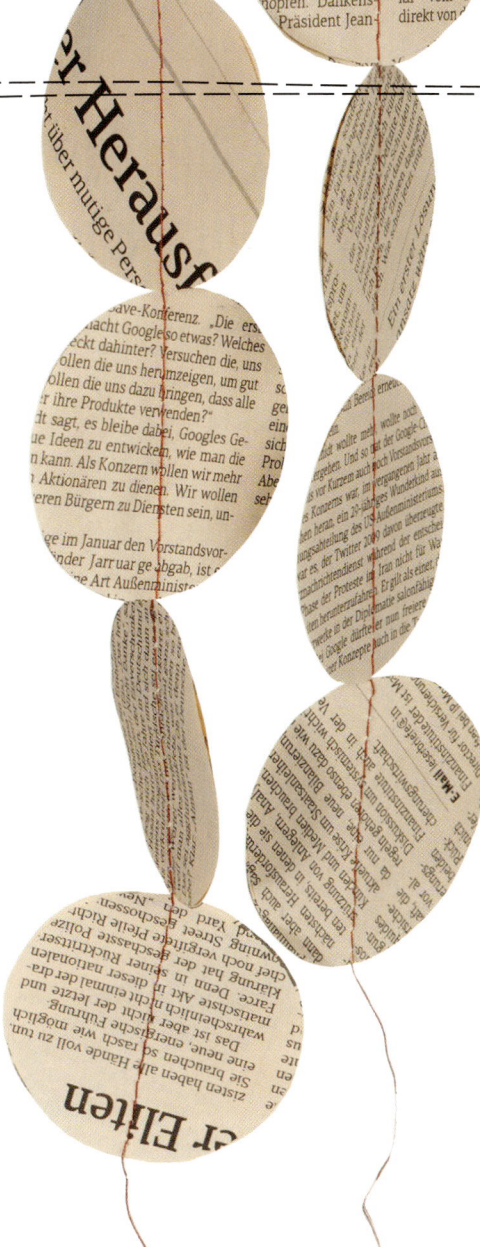

GIRLANDE
Größe: 6 cm pro Kreis

Sie brauchen:
Tonpapier in Orange
Packpapier
Tageszeitungen
Nähgarn in Rot

--- COCKPIT ---
Steppstich: Stichlänge 3 mm
Oberfadenspannung: 3

1. Schneiden Sie aus Papier oder Zeitung Kreise mit 6 cm Durchmesser aus.

2. Steppen Sie die Papierkreise aneinander.

Nähen auf Papier

Die Anforderungen steigen. Nähen Sie nun gerade Stepplinien auf dickere Pappe. Eine echte Herausforderung sind die Sterne.
Tipp: Arbeiten Sie möglichst präzise.

MOTIVATIONSKARTE „YES, WE CAN!"
Größe: 24 cm x 16 cm

Sie brauchen:
Pappkarton in Weiß, 24 cm x 16 cm
Tonpapier in Rot, 24 cm x 10 cm
Tonpapier in Blau, 11 cm x 9 cm
Tonpapier in Weiß, Rest
Nähgarn in Rot
Nähgarn in Weiß
Klebstoff
Vorlagenbogen: „Yes, we can!"

---COCKPIT---
Steppstich: Stichlänge 3 mm
Oberfadenspannung: 3

1. Schneiden Sie aus dem roten Tonpapier fünf 24 cm lange und 2 cm breite Streifen zu.

2. Legen Sie die Streifen in gleichmäßigen Abständen auf den weißen Pappkarton und kleben Sie sie fest. Lassen Sie den Klebstoff gut trocknen.

3. Steppen Sie die Streifen mit rotem Nähgarn fest. Halten Sie dabei einen Abstand von 3 mm zu jeder Streifenkante.

4. Steppen Sie auch die Karte an den kurzen Seiten im Abstand von 10 mm mit rotem Nähgarn ab.

5. Übertragen Sie die Vorlage auf das weiße Tonpapier. Legen Sie den Stern mittig auf das Tonpapier-Rechteck in Blau und steppen Sie ihn mit weißem Nähgarn fest.

6. Steppen Sie das blaue Rechteck in der linken, oberen Ecke der Karte mit weißem Nähgarn fest. Halten Sie zu den Außenkanten einen Abstand von 7 mm.

Nähen auf Papier _▪▪▪

Willkommen im Club! Egal ob Sie die Anhänger mit Ihrem Geburtsdatum oder persönlichen Glückszahlen versehen, mit diesen Badges stellen Sie Ihr Können unter Beweis! Alle Ihre bisher erworbenen Fähigkeiten kommen bei diesem Projekt zum Einsatz.
Tipp: Variieren Sie die Stichlänge an den Rundungen.

2 Clubanhänger
Größe: je 7 cm x 7 cm

Sie brauchen:
Pappkarton, ca. 3 mm stark, ca. 10 cm x 20 cm
Papier in Weiß, ca. 10 cm x 20 cm
Nähgarn in Rot
Nähgarn in Schwarz
2 Ösen, ø 7 mm
Klebstoff
Karoband, ca. 7 mm breit, 30 cm
Streifenband, ca. 10 mm breit, 30 cm
Vorlagenbogen: Ziffern, Quadrat

Steppstich: Stichlänge 3 mm
Oberfadenspannung: 3

1. Übertragen Sie die Vorlage für den Anhänger auf den Karton und schneiden Sie sie aus.

2. Übertragen oder kopieren Sie die Vorlagen für die Ziffern auf das Papier. Schneiden Sie sie aus und kleben Sie sie mittig auf den Anhänger.

3. Steppen Sie die Zahlenkonturen im Abstand von 2 mm mit rotem Nähgarn ab.

4. Die Außenkontur des Anhängers steppen Sie im Abstand von 4 mm mit schwarzem Nähgarn ab.

5. Schlagen Sie die Öse nach Packungsanleitung in die linke obere Ecke des Anhängers ein. Fädeln Sie wahlweise das Karoband oder das Streifenband durch die Öse. Arbeiten Sie den zweiten Anhänger genauso.

LEVEL_1

Führerschein-Trainer

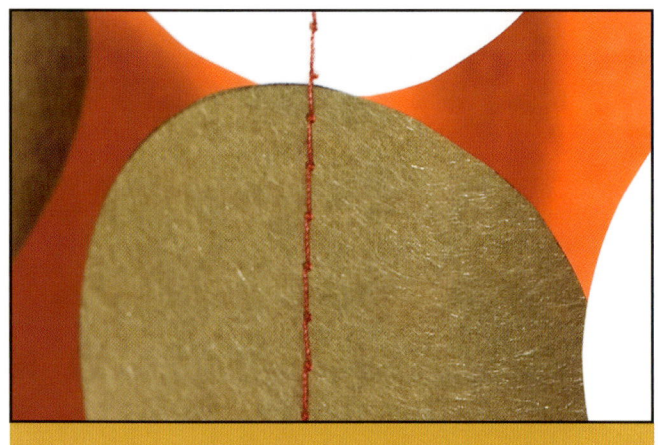

1_ Was müssen Sie beachten, wenn Sie gerade Linien nähen?

☐ Die Oberfadenspannung muss auf 3 eingestellt sein. **(A)**

☐ Gerade Linien sollten möglichst zügig genäht werden. **(B)**

☐ Gerade Linien gelingen nur, wenn entsprechende Markierungen angebracht sind. **(C)**

2_ Was bedeutet „füßchenbreit"?

☐ Darunter versteht man den Abstand vom Nähfuß zur Stichplatte. **(A)**

☐ Mit „füßchenbreit" ist die Breite eines Knopfloches gemeint. **(B)**

☐ Der Nähfuß dient als Abstandshalter zur Kante oder Naht. **(C)**

3_ Welchen Vorteil hat es, wenn Sie gut auf Abstand nähen können?

☐ Sie brauchen die Fadenspannung nicht mehr zu regulieren. **(A)**

☐ Sie müssen auf den Schnittteilen keinerlei Anzeichnungen mehr vornehmen. **(B)**

☐ Sie müssen auf den Schnittteilen keine Nahtlinien mehr anzeichnen. **(C)**

TESTAUSWERTUNG: Nur eine Antwort ist möglich. Notieren Sie zu jeder Frage die entsprechende Ziffer. Die Auflösung finden Sie auf Seite 144.

4_ Wie nähen Sie eine perfekte Ecke?

☐ Ich wähle eine möglichst große Stichlänge von 4 mm. (**A**)

☐ Ich überprüfe den Abstand zur Ecke und passe die Stichlänge entsprechend an. (**B**)

☐ Ich wähle eine möglichst kleine Stichlänge von 1,5 mm. (**C**)

5_ Wie nähen Sie eine Kurvenlinie?

☐ Ich nähe die Kurvenlinie zügig, so fällt es mir leichter die Rundungen zu treffen. (**A**)

☐ Um die Kurve exakt nachzunähen, erhöhe ich die Stichlänge. (**B**)

☐ Um die Kurvenlinie besser nähen zu können, reduziere ich die Stichlänge. (**C**)

6_ Am Anfang einer Naht platzieren Sie den Untergrund so, dass...?

☐ ... die Nadel in die ersten Millimeter des Untergrundes einsticht. (**A**)

☐ ... die Nadel vor dem Untergrund einsticht. (**B**)

☐ ... der Nähfuß nicht darauf zu liegen kommt. (**C**)

PAPIERE, BITTE!

Spurwechsel und Webkante. Auf den folgenden Seiten lernen Sie einige Fachbegriffe kennen, die Sie dann auch gleich fleißig trainieren können, während Sie Ihre Route planen und einen Papierschnitt herstellen. Wagen Sie den ersten Schnitt!

Wissen auftanken

FADENGERADE ZUSCHNEIDEN

Für fadengerade Kanten schneiden Sie an einem Gewebefaden entlang oder exakt zwischen zwei parallel laufenden Gewebefäden. Noch einfacher gelingt ein fadengerader Schnitt, wenn Sie an der entsprechenden Stelle einen Faden aus dem Gewebe herausziehen. So entsteht im Stoff ein Gässchen, an dem Sie entlang schneiden können.

WEBKANTE

Die seitlichen, festen Kanten eines gewebten Stoffes nennt man Webkanten. Sie entstehen beim Weben und liegen parallel zum Fadenlauf (siehe Seite 74). Beim Zuschneiden sollten Sie diese Kanten nicht einbeziehen.

STOFFBRUCH

Als Stoffbruch wird die Falte bezeichnet, die sich beim Zusammenlegen oder Umschlagen eines Stoffes bildet. Sollen Sie ein Schnittteil „im Stoffbruch zuschneiden" liegt der Stoff doppelt. Eine gerade Kante auf dem Schnittteil, die meist mit „Stoffbruch" beschriftet ist, markiert die Achse, mit der das Teil an den Bruch angelegt werden muss. So wird die fehlende Hälfte, z. B. eines Vorderteils, ohne Naht gegengleich ergänzt. Bei Webstoffen läuft der Stoffbruch parallel zum Fadenlauf.

NAHTZUGABE

Unter einer Nahtzugabe versteht man den schmalen, später innen liegenden Stoffstreifen neben der Naht, das heißt den Bereich zwischen Naht und Schnittkante. Nahtzugaben werden beim Zuschnitt dazugegeben und liegen später von außen unsichtbar auf der Innenseite des Modells. An jeder Kante sollte exakt die gleiche Nahtzugabe dazugegeben werden, außer es ist etwas anderes angegeben. Achten Sie darauf, dass die Nahtzugaben möglichst gleichmäßig breit sind. Wenn Sie die Zuschnitte zusammenlegen, müssen diese exakt aufeinander passen.

NAHTZUGABEN ZURÜCKSCHNEIDEN

Nach dem Zusammennähen schneiden Sie die Nahtzugaben auf 6 mm zurück, damit sie nach dem Wenden schön flach liegen. Bei Außenrundungen schneiden Sie kleine Keile aus der Nahtzugabe heraus. Bei Innenrundungen schneiden Sie die Nahtzugabe rechtwinklig zur Naht ein (siehe Seite 128). Achtung: Schneiden Sie nicht in die Naht, sondern bis auf 1 mm an die Naht heran!

SAUMZUGABE

An Kanten, die mit einem Saum versehen werden sollen, müssen Sie beim Zuschneiden eine Saumzugabe dazugeben, die später als Saum umgenäht wird.

LEVEL_2

Wissen auftanken

SCHNITTMUSTER
Schnittmuster sind Papiervorlagen, nach denen der Stoff für ein bestimmtes Modell zugeschnitten wird.

ZUSCHNEIDEN
Die Schnittteile sollten Sie aus Ihrem Stoff mit einer scharfen Schneiderschere zuschneiden. Schneiden Sie exakt entlang der durchgezogenen Schnittlinie. Versuchen Sie beim Schneiden den Stoff so wenig wie möglich vom Tisch abzuheben.

SCHNITTTEIL
Ein Schnittteil ist ein einzelnes Teil des Modells, das Sie beim Zuschneiden erhalten oder ein einzelnes Teil des Schnittmusters.

KNAPPKANTIG NÄHEN
Platzieren Sie die Naht nahe der Kante, das heißt in ca. 3 mm Abstand zur Kante.

FADENLAUF
Damit selbst genähte Stücke perfekt gelingen, sollten Sie beim Zuschnitt unbedingt den Fadenlauf beachten. Der Fadenlauf eines gewebten Stoffes verläuft parallel zu dessen Webkanten. Sind an einem Stoffrest keine Webkanten mehr zu erkennen, ziehen Sie am Rand einen Gewebefaden, dieser zeigt den Fadenlauf.

Tipp: Wenn Sie Stoffe mit Musterdruck zuschneiden wollen, sollten Sie darauf achten, alle Schnittteile in gleicher Richtung aufzulegen, damit markante Muster nicht auf dem Kopf stehen. Optimalerweise weisen alle unteren Schnittkanten in eine Richtung. Bevor Sie zuschneiden, kontrollieren Sie noch einmal, ob alle Schnittteile richtig aufgelegt und gesteckt sind.

Papierschnitte

Alle Schnittmuster aus diesem Buch sind in Originalgröße vorgezeichnet, einschließlich der Naht- und Saumzugaben. Sie können das Schnittmuster direkt, ohne es zu vergrößern, auf Papier und dann auf den Stoff übertragen.

Tipp: Archivieren Sie Ihre Schnittmuster. Es lohnt sich für jedes Nähprojekt eine Din-A4-Klarsichthülle zu beschriften und die Schnittteile darin aufzuheben.

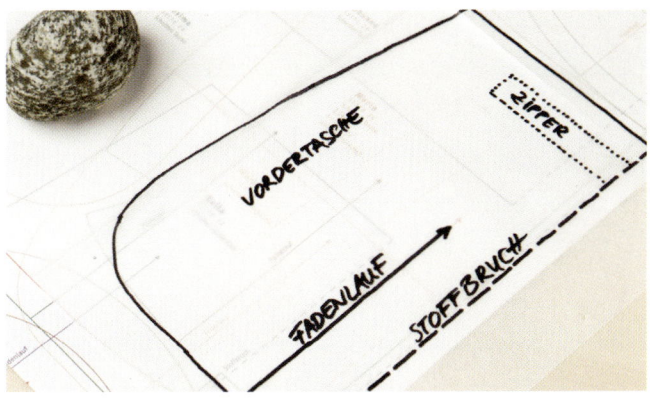

1_Legen Sie Transparentpapier, ersatzweise geht auch Butterbrotpapier oder Seidenpapier, auf den Schnittbogen. Fixieren Sie Schnittbogen und Transparentpapier mit einigen Gewichten, damit nichts verrutschen kann.

2_Zeichnen Sie die Konturen des Schnittmusters mit Bleistift oder Filzstift nach. Übertragen Sie alle Markierungen von der Vorlage auf Ihr Schnittmuster. Verwenden Sie für gerade Linien ein Lineal.

3_Schneiden Sie die einzelnen Schnittteile an der vorgezeichneten Linie mit der Papierschere aus.

LEVEL_2

Workshop: Zuschnitt

1 Bügeln Sie den Stoff und glätten Sie auch die Stoffbruch-
kanten.

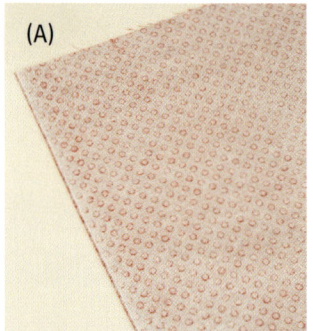

(A)

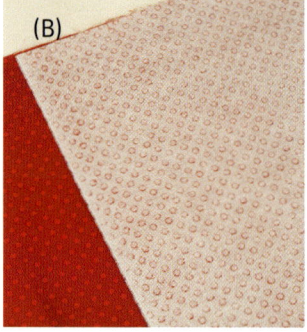

(B)

2 Legen Sie den Stoff für den Zuschnitt mit der linken Stoffseite nach oben. Auf dem jeweiligen Schnittteil ist
markiert, ob Sie den Zuschnitt einmal oder zweimal benötigen.
Brauchen Sie die Schnittteile einmal, legen Sie den Stoff einfach (A). Brauchen Sie sie zweimal, legen Sie den Stoff doppelt
rechts auf rechts (B). Sie erhalten dabei zwei gegengleiche
Schnittteile.

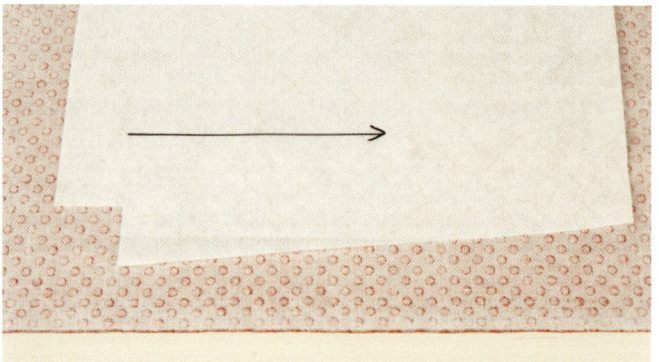

3 Platzieren Sie nun Ihr Schnittteil auf den Stoff. Auf dem
Schnittteil ist der Fadenlauf mit einem Pfeil gekennzeichnet.
Achten Sie darauf, dass die Pfeile parallel zum Fadenlauf des
Stoffes verlaufen.

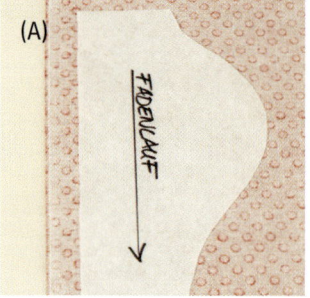

(A)

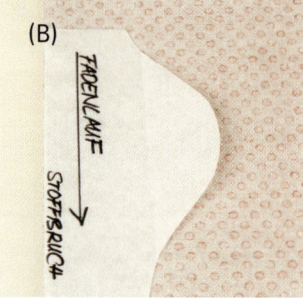

(B)

4 Schnittteile, die eine Naht brauchen, werden an die Webkante angelegt (A). Schnittteile, die doppelt benötigt werden,
aber keine Naht haben dürfen, werden an den Stoffbruch angelegt (B), siehe Seite 73.

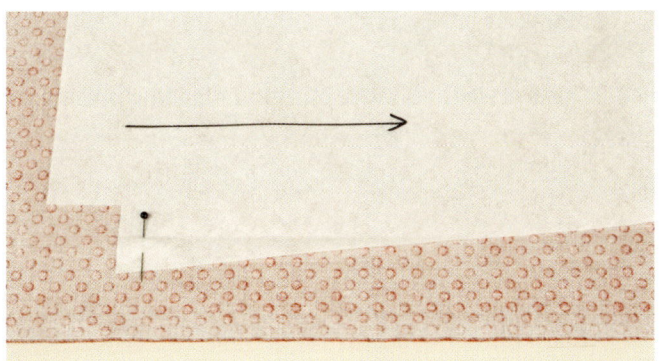

5 Platzieren Sie das Schnittteil zunächst nach Augenmaß auf dem Stoff und fixieren Sie es mit einer Stecknadel an einem Ende.

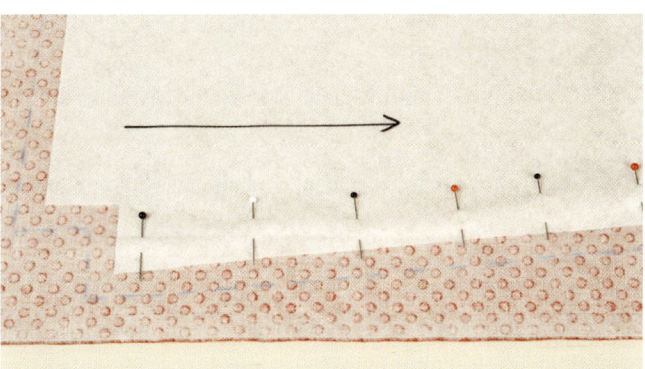

7 Messen Sie die Naht- und Saumzugaben um den Papierschnitt genau ab. Zeichnen Sie die Linien mit Schneiderkreide auf und schneiden Sie dann aus.

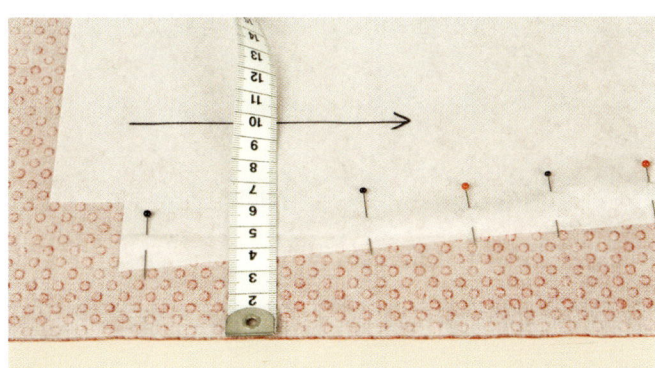

6 Dann messen Sie, wie weit die Fadenlauflinie von der Webkante an diesem Ende entfernt ist. Liegt das Schnittteil korrekt im Fadenlauf, ist der Abstand von der Fadenlauflinie zur Webkante überall gleich. Stecken Sie das Schnittteil mit Stecknadeln fest.

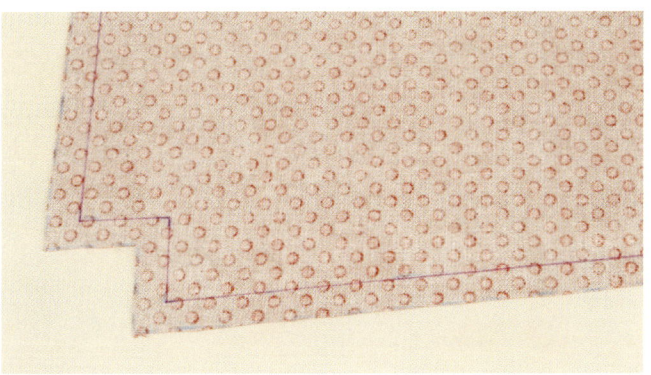

8 Übertragen Sie alle wichtigen Markierungen vom Papierschnitt auf Ihren Stoff.

LEVEL_2

Führerschein-Trainer

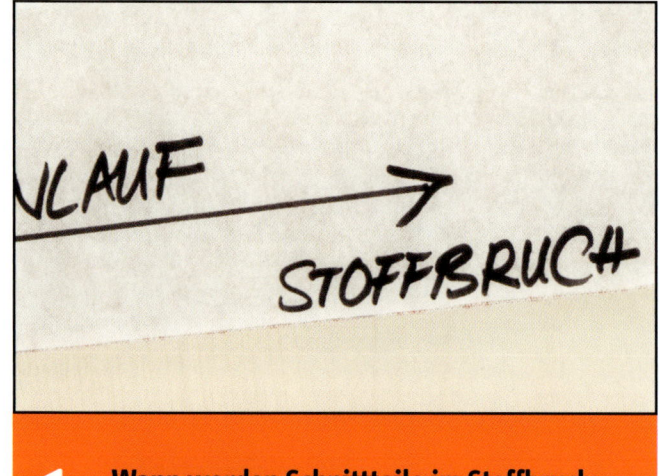

1_ Wann werden Schnittteile im Stoffbruch zugeschnitten?

☐ An den Stoffbruch werden Schnittteile angelegt, die doppelt benötigt werden und die eine Naht haben sollen. (**A**)

☐ Nur asymetische Schnittmuster werden an den Stoffbruch gelegt. (**B**)

☐ An den Stoffbruch werden Schnittteile ange legt, die doppelt benötigt werden, aber keine Naht haben dürfen. (**C**)

2_ Wie definieren Sie den Begriff Nahtzugabe?

☐ Unter Nahtzugabe versteht man ein Standard-maß von 2 cm. (**A**)

☐ Unter Nachtzugabe versteht man den schmalen, später innen liegenden Stoffstreifen zwischen Naht und Schnittkante. (**B**)

☐ Der halbe Abstand zwischen Naht und Schnitt-kante wird Nahtzugabe genannt. (**C**)

3_ Was versteht man unter Webkanten?

☐ Die seitlichen, festen Kanten eines gewebten Stoffes, die parallel zum Fadenlauf liegen. (**A**)

☐ Die seitlichen Kanten eines Webrahmens. (**B**)

☐ Die seitlichen Kanten eines gewebten Stoffes, die senkrecht zum Fadenlauf liegen. (**C**)

TESTAUSWERTUNG: Nur eine Antwort ist möglich.
Notieren Sie zu jeder Frage die entsprechende Ziffer.
Die Auflösung finden Sie auf Seite 144.

4_ Was ist beim Herstellen von Papier-schnitten zu beachten?

☐ Ich lege einen Bogen Kopierpapier auf das Schnittmuster. **(A)**

☐ Ich übertrage alle Markierungen vom Schnitt-bogen auf den Papierschnitt. **(B)**

☐ Ich schneide die Papier-Schnittteile mit der Schneiderschere aus. **(C)**

5_ Wie erklären Sie den Begriff Fadenlauf?

☐ Der Fadenlauf verläuft immer senkrecht zu den Webkanten. **(A)**

☐ Die Kettfäden eines Gewebes bilden den Faden-lauf und verlaufen immer diagonal. **(B)**

☐ Der Fadenlauf verläuft immer parallel zu den Webkanten. **(C)**

6_ Was ist beim Zuschnitt von Muster-drucken zu beachten?

☐ Alle Schnittteile müssen an die Webkante gelegt werden. **(A)**

☐ Alle Schnittteile werden in eine Richtung gelegt. **(B)**

☐ Alle Schnittteile werden so aufgelegt, dass die unteren Kanten in verschiedene Richtungen weisen. **(C)**

STEPP-STUNDE

Zeit für Ihre ersten Überlandfahrten. Aufwärmtraining gibt es im Workshop. Danach heißt es: Anschnallen, bitte! Sie erstellen drei Projekte, die garantiert Laune machen.

Steppstich auf Stoff

Zur Grundausstattung einer Nähmaschine gehört der Steppstich oder Geradstich.
Mit diesem Basisstich lassen sich alle Stoffe miteinander verbinden. Die Stichlänge des
Steppstichs ist variabel. In der Regel gilt: Je länger der Stich, desto lockerer die Naht.
Weitere Tipps für die perfekte Steppnaht finden Sie auf den folgenden Seiten. Also bitte:
Auftanken! Unterwegs nähen Sie eine Wimpelkette (Schwierigkeitsgrad_■), eine prak-
tische Laptoptasche (Schwierigkeitsgrad_■■) und eine Einpackhilfe für die nächste
Shoppingtour (Schwierigkeitsgrad_■■■). Geben Sie Gas und zeigen Sie, was Sie bereits
alles können!

Tipp: Machen Sie bitte immer eine Nähprobe, bevor Sie mit einem Projekt beginnen.
Nähen Sie dafür einige Stiche in der gewünschten Länge auf einem Probestück aus Ihrem
Stoff und korrigieren Sie gegebenenfalls die Fadenspannung.

LEVEL_3

Workshop: Steppstich auf Stoff

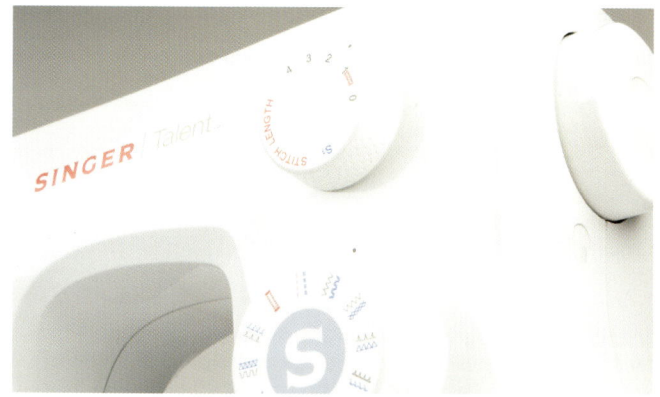

1 Wählen Sie an Ihrer Maschine die Einstellung „Stepp-stich" bzw. „Geradstich" aus und stellen Sie die gewünschte Stichlänge ein.

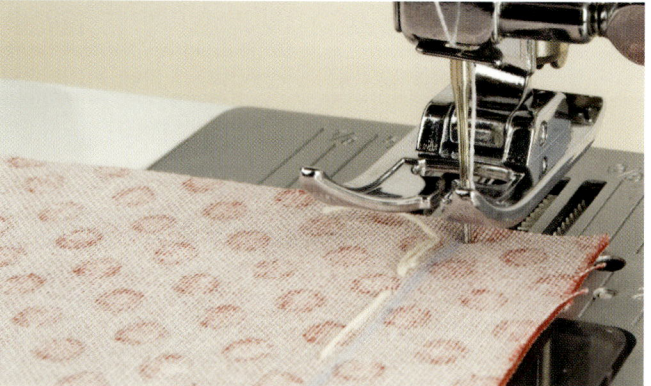

2 Legen Sie den Stoff unter den Nähfuß und senken Sie den Nähfuß ab. Achten Sie darauf, dass die Nadel genau in den Anfangspunkt Ihrer Markierung einstechen kann.

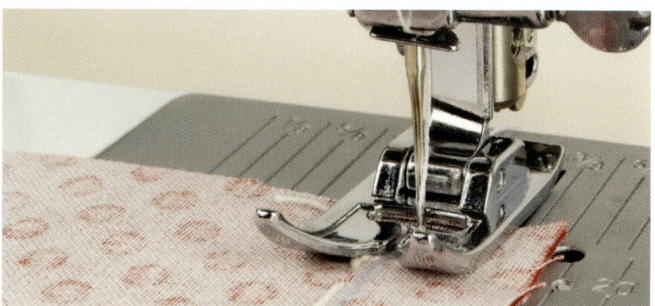

3 Halten Sie mit der linken Hand die Nähfäden und den Stoff seitlich vom Nähfuß etwas fest. Durch leichten Druck auf das Fußpedal nähen Sie ein paar Stiche auf der markierten Nahtlinie. Nähen Sie 3 - 5 Stiche vorwärts, stoppen Sie und drücken Sie die Rückwärtstaste. Nähen Sie die gleiche Stichanzahl zurück, bis zum Nahtanfang. Stoppen Sie wieder kurz.

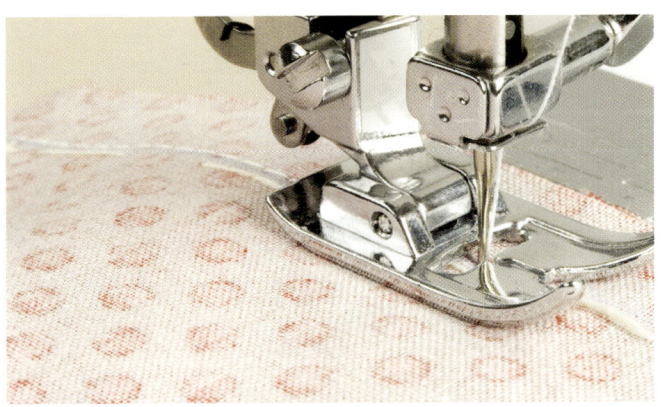

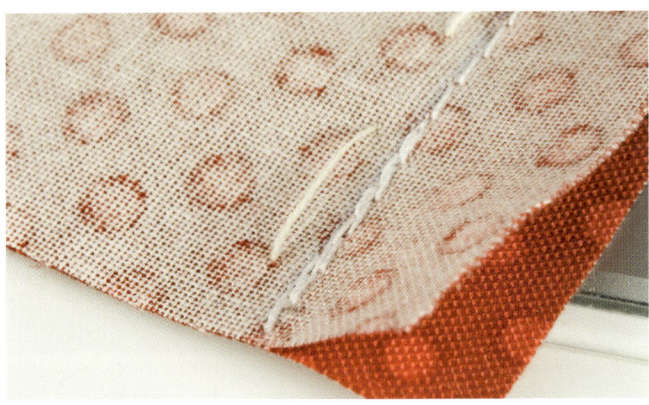

4 Nähen Sie nun die gewünschte Nahtlänge. Ziehen Sie den Stoff während des Nähens nur ganz leicht nach hinten weg. So entsteht eine glatte Naht und Sie können den Stoff leichter führen. Machen Sie auch immer einen kleinen Nähstopp, um den Stoff vor dem Nähfuß optimal auszurichten.

5 Am Nahtende nähen Sie wieder 3 - 5 Stiche zurück und anschließend die gleiche Stichzahl nach vorne. Heben Sie den Nähfuß an und stellen Sie die Nadel hoch. Drehen Sie dafür das Handrad entgegen dem Uhrzeigersinn, bzw. tippen Sie die Taste „Nadel Hoch-/Tiefstellung". Ziehen Sie den Stoff seitlich heraus. Die Fadenenden sollten Sie nicht zu kurz abschneiden.

Offene Naht, das heißt die Naht auf einer einfachen Stofflage, auftrennen:
Führen Sie die Spitze des Nahttrenners auf der linken Stoffseite vorsichtig unter den genähten Stich. Schieben Sie den Nahttrenner so weit nach vorne, bis der Nähfaden die Schneidekante berührt und durchschnitten wird. Schneiden Sie jeden 4. Stich auf einer Länge von 6 cm durch. Wenden Sie den Stoff. Ziehen Sie den freiliegenden Faden heraus und schneiden Sie ihn ab. Wiederholen Sie diesen Vorgang so lange, bis Ihre Naht aufgetrennt ist.

Genähte Nähte, das heißt Nähte, die verschiedene Stofflagen verbinden, auftrennen:
Ziehen Sie die Stofflagen von der rechten Seite fest auseinander, bis Sie den ersten Stich gut erkennen. Erfassen Sie den Nähfaden vorsichtig mit dem Nahttrenner und schneiden Sie ihn durch. Ziehen Sie die Stofflagen Stück für Stück auseinander und durchtrennen Sie die Naht.

LEVEL_3

Steppstich ▪

Glückwunsch! Das erste Projekt können Sie jetzt problemlos nähen. Sollte doch mal eine Naht daneben gehen, trennen sie diese am besten mit einem Nahttrenner (siehe Seite 50) auf.

Tipp: Weitere Infos über Vliesofix finden Sie auf Seite 104.

WIMPELKETTE „GLÜCKWUNSCH"
Größe: 3 m x 21 cm

Sie brauchen:
11 Stoffreste, 18 cm x 21 cm
Vliesofix, ca. 30 cm x 60 cm
Schrägband in Blau, 2 cm breit, 3 m
Nähgarn in Weiß
Vorlagenbogen: Buchstabe, Dreieck

--- **COCKPIT** ---
Steppstich: Stichlänge 3 - 4 mm
Oberfadenspannung: 3

1. Für jeden der 11 Wimpel legen Sie eines der Stoff-Rechtecke der Länge nach rechts auf rechts und stecken es fest. Übertragen Sie die Vorlage „Dreieck" und schneiden Sie sie aus. Am Ende sollten Sie 22 Wimpeldreiecke zugeschnitten haben.

2. Bügeln Sie für jeden der 11 Buchstaben Vliesofix auf die linke Stoffseite der übrigen Stoffreste. Übertragen Sie die Buchstaben auf das Trägerpapier des Vliesofix und schneiden Sie sie aus. Ziehen Sie das Trägerpapier ab.

LEVEL_3

Steppstich ▪

5. Nähen Sie die Wimpel in das Schräg-band. Klappen Sie dazu eine Seite des Schrägbandes auf und stecken es rechts auf rechts an die kurzen Stoffkanten der Wimpel. Steppen Sie in der Faltlinie.

3. Legen Sie je einen Buchstaben auf die rechte Seite eines Wimpels und bügeln Sie ihn fest. Steppen Sie die Kontur des Buchstabens schmalkantig in ca. 3 mm Abstand nach.

4. Legen Sie je einen Wimpel mit Buchsta-ben und einen Wimpel ohne Buchstaben links auf links zusammen. Steppen Sie die Wimpel füßchenbreit (7 mm vom Rand entfernt) zusammen.

6. Falten Sie den Streifen zur linken Stoff-seite um und heften Sie ihn dicht neben dem Bruch fest. Steppen Sie das Schräg-band knappkantig mit der Maschine fest.

LEVEL_3

Steppstich ▬ ■ ■

Grünes Licht für diese Laptoptasche! Sie ist der absolute Hingucker mit einer Seite in Grün und einer in Schwarz. Ein Sicherheitsgurt schützt den Laptop zusätzlich vor ungewollten Auftritten.

Tipp: Mit einem Kugelschreiber lässt sich die Vorlage auch auf schwarzen Filz gut sichtbar übertragen.

LAPTOPTASCHE
Größe: 28 cm x 38 cm

Sie brauchen:
Filzplatte in Grün, 3 mm stark, 30 cm x 45 cm
Filzplatte in Schwarz, 3 mm stark, 30 cm x 45 cm
Filzband in Pink, 10 cm x 4 cm
Gummilitze in Schwarz, 1,5 cm breit, 66 cm
Nähgarn in Schwarz
Vorlagenbogen: Laptoptasche

--- COCKPIT ---
Steppstich: Stichlänge 4 mm
Oberfadenspannung: 3,5

1. Übertragen Sie die Vorlage mit Kugelschreiber auf die Filzplatten und schneiden Sie sie aus.

2. Legen Sie die Filzplatten exakt aufeinander und stecken Sie sie zusammen. Messen Sie an einer Längsseite 7 cm von der später offenen Kante ab und markieren Sie die Stelle mit einer Stecknadel.

LEVEL_3

Steppstich _■■

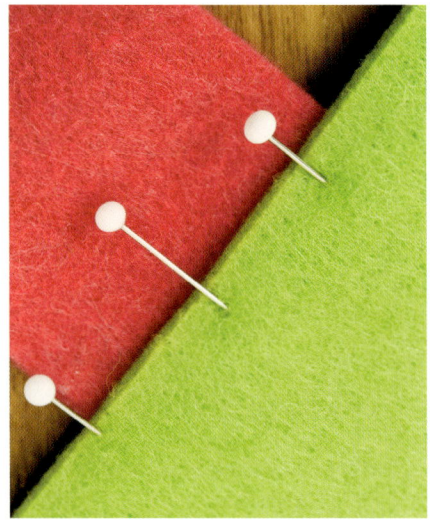

3. Falten Sie das pinke Filzband in der Mitte und legen es an der markierten Stelle zwischen die Filzplatten. Es sind 4 cm Schlaufe sichtbar – je 1 cm geht für die Naht ab.

4. Markieren Sie die Mitte der unteren Kante. Legen Sie die Gummilitze rechts auf rechts aufeinander. Schieben Sie die Enden der doppelt gelegten Gummilitze an der unteren Markierung 1 cm zwischen die Filzplatten und stecken Sie sie fest. Fixieren Sie die Filzplatten mit weiteren Stecknadeln.

5. Steppen Sie die beiden Filzplatten mit 7 mm Abstand zum Rand (füßchenbreit) zusammen. Nähen Sie dabei nicht über die Stecknadeln. Ziehen Sie die Stecknadeln jeweils kurz bevor Sie sie erreichen aus der Näharbeit. Verriegeln Sie die Naht an Anfang und Ende mit 4 - 5 Stichen.

6. Spannen Sie die Gummilitze über die Hülle und fixieren Sie sie mit einigen Handstichen genau in der Naht (siehe Schrittfoto).

LEVEL_3

Steppstich ▁ ■ ■ ■

Einpackhilfe! Mit diesem Shopper sind Sie für alle Lustkäufe gewappnet. Und mit den passenden Anhängern sind Sie auf der Überholspur. Die Anleitung dafür finden Sie auf Seite 96 - 97.
Tipp: Verwenden Sie für den Shopper Baumwollstoff in einer festen Qualität.

SHOPPER
Größe: 44 cm x 34 cm

Sie brauchen:
Baumwollstoff, 100 cm x 36 cm
2 Filzbänder in Cremefarben, 4 cm breit, je 68 cm
Nähgarn in Weiß

--- COCKPIT ---
Steppstich: Stichlänge 3 mm
Oberfadenspannung: 3

1. Falten Sie den Stoff mittig (50 cm x 36 cm) rechts auf rechts. Stecken Sie den Beutel fest.

2. Steppen Sie die Längskanten und verriegeln Sie Anfang und Ende der Nähte jeweils mit 4 - 5 Stichen. Steppen Sie neben den Nähten im Abstand von 7 mm eine zweite Naht. Wählen Sie dazu die Stichlänge von 2 mm.

LEVEL_3

Steppstich ▪▪▪

3. Arbeiten Sie an der oberen Kante der Tasche einen doppelten Saum: Die linke Stoffseite liegt oben. Messen Sie 1 cm von der oberen Stoffkante ab und bügeln Sie diese links auf links entsprechend um. Schlagen Sie den Saum nochmals 5 cm breit um und stecken ihn fest. Bügeln Sie den Saum und steppen Sie den inneren Bruch schmalkantig ab. Wenden Sie die Tasche auf rechts.

4. Stecken Sie je eines der Filzbänder auf den Taschenseiten außen, jeweils im Abstand von 8 cm zu den Taschenrändern, als Träger fest. Die Enden der Träger überlappen jeweils 6 cm mit der Tasche.

5. Steppen Sie den Saum der Tasche 4 mm vom oberen Rand ab und fassen Sie die Träger dabei mit.

6. Um die Träger zu fixieren, nähen Sie je ein Rechteck über den überlappenden Bereich von Träger und Tasche und dann innerhalb des Rechtecks jeweils diagonal zur gegenüberliegenden Ecke. Nähen Sie dabei eine der längeren Kanten doppelt. So müssen Sie nicht absetzen.

LEVEL_3

Steppstich ___■■■

Tipp: Mit den passenden Buchstaben wird die Tasche zum persönlichen Geschenk.

ANHÄNGER BUCHSTABE
Größe: ca. 10 cm

Sie brauchen:
Baumwollstoff, Rest
Filz in Orange, 1,5 mm stark, Rest
Vliesofix, Rest
Nähgarn in Weiß
Öse, ø 7mm
Lederband in Braun, 40 cm
Vorlagenbogen: Buchstabe

ANHÄNGER BLUME
Größe: ca. 11 cm

Sie brauchen:
Filz in Rot, 1,5 mm stark, Rest
Filz in Orange, 1,5 mm stark, Rest
Nähgarn in Weiß
Öse, ø 7mm
Lederband in Braun, 30 cm
Vorlagenbogen: Blume

--- COCKPIT ---
Steppstich: Stichlänge 3 mm
Oberfadenspannung: 3

ANHÄNGER BUCHSTABE

1. Übertragen Sie die gewählte Vorlage auf Vliesofix und Filz. Bügeln Sie das Vliesofix auf die linke Seite des Stoffes. Schneiden Sie die Buchstaben aus.

2. Ziehen Sie das Trägerpapier des Vliesofix ab, legen Sie den Stoff mit der linken Seite auf den Filz und bügeln ihn fest. Legen Sie ein Bügeltuch unter.

3. Steppen Sie die Kontur des Buchstabens schmalkantig (ca. 3 mm) nach.

4. Schlagen Sie die Öse nach Packungsanleitung ein und fädeln Sie das Lederband hindurch.

ANHÄNGER BLUME

1. Übertragen Sie die Vorlage auf die beiden Filzreste und schneiden Sie sie entlang der Konturen aus.

2. Legen Sie die Blumen aufeinander und stecken Sie sie fest.

3. Steppen Sie entlang der Mitte jedes Blütenblattes zweimal hin und zurück.

4. Schlagen Sie die Öse nach Packungsanleitung ein und fädeln Sie das Lederband hindurch.

LEVEL_3

Führerschein-Trainer

1_ Wie wird der Steppstich noch genannt?

☐ Der Steppstich ist ein Basisstich und wird auch Geradstich genannt. (**A**)

☐ Der Steppstich verbindet flexible Materialien und wird auch Elastikstich genannt. (**B**)

☐ Der Steppstich ist der wichtigste Stich und wird deshalb auch Verbundstich genannt. (**C**)

2_ Welche Sticheinstellung wählen Sie für eine lockere Naht?

☐ Je länger der Stich, desto lockerer die Naht. (**A**)

☐ Je kürzer der Stich, desto lockerer die Naht. (**B**)

☐ Die Sticheinstellung für eine lockere Naht ist Standard und muss nicht eingestellt werden. (**C**)

3_ Was ist die Grundfunktion des Steppstichs?

☐ Er dient zum Säumen von Kleidungsstücken. (**A**)

☐ Mit ihm lassen sich verschiedene Stofflagen miteinander verbinden. (**B**)

☐ Er wird ausschließlich für Verzierungen angewendet. (**C**)

TESTAUSWERTUNG: Nur eine Antwort ist möglich.
Notieren Sie zu jeder Frage die entsprechende Ziffer.
Die Auflösung finden Sie auf Seite 144.

4__ Was versteht man unter einer Nähprobe?

☐ Auf einem Reststück des Modellstoffes wird die Sticheinstellung getestet. (**A**)

☐ Bei einer Nähprobe werden im Fachgeschäft mehrere Nähmaschinen ausprobiert. (**B**)

☐ Unter Nähprobe versteht man einen Test für verschiedene Nähgarne. (**C**)

6__ Wie trennt man eine offene Naht auf?

☐ Indem man an beiden Seiten der Naht zieht und die Naht mit einer Rasierklinge durchtrennt. (**A**)

☐ Indem man die Naht dehnt und mit einer spitzen Schere in die Stiche schneidet. (**B**)

☐ Indem man den Faden vorsichtig auf der linken Stoffseite mit dem Nahttrenner durchtrennt. (**C**)

5__ Wie beenden Sie eine Naht?

☐ Ich nähe 3-5 Stiche zurück und anschließend die gleiche Stichzahl wieder vorwärts. (**A**)

☐ Ich nähe einige Zickzackstiche, die den Stoff gleichzeitig versäubern. (**B**)

☐ Ich verringere die Stichlänge und nähe einige Stiche vorwärts. (**C**)

KURVEN-TRAINING

Lernen Sie Nähserpentinen in lockerem Tempo zu meistern: Mit dem Zickzackstich erklimmen Sie manche Passhöhe. Sie versäubern Grate und machen eine Ausflugsfahrt ins Land der Applikationen. Steigen Sie ein!

Zickzackstich

Mit dem Zickzackstich liegt ein weiterer Streckenabschnitt vor Ihnen. Mit seiner Hilfe versäubern Sie Nähte und Schnittkanten im Handumdrehen. Wendig und vielseitig nimmt er jede Kurve. Flexible Längen- und Breiteneinstellungen ermöglichen das Verarbeiten und Versäubern unterschiedlichster Stoffe. Bei stark fransenden Stoffen wählen Sie breite Stiche und einen kleinen Stichabstand, bei wenig fransenden Stoffen sind schmale Stiche und ein etwas größerer Stichabstand optimal. Sehr feine Stoffe lassen sich mit schmalen Stichen und einem noch größeren Stichabstand versäubern.

Eine Regel gilt immer – je dicker der Stoff, desto breiter stellen Sie den Zickzackstich ein. Noch mehr Tipps und Tricks rund um den Zickzackstich tanken Sie auf den nächsten Seiten.

Tipp: Besonders schöne Ziernähte entstehen, wenn sich Garn- und Stofffarbe kontrastreich unterscheiden.

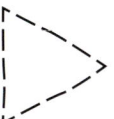

LEVEL_4

Workshop: Zickzackstich

1 Bügeln Sie die Nahtzugaben der genähten Naht auseinander. Testen Sie immer die Einstellungen zu Stichabstand und Stichbreite an einem Reststück, bevor Sie mit ihrem Projekt anfangen. Beginnen Sie die Naht immer mit ein paar Millimetern Stoff unter dem Nähfuß. So kann der Stoff besser transportiert werden. Der Zickzackstich wird nicht verriegelt.

2 **Neben der Schnittkante versäubern**
Nähen Sie den Zickzackstich nahe der Stoffkante, jedoch nicht darüber hinaus. Schneiden Sie die überstehende Stoffkante dicht neben den Zickzackstichen ab. Dabei den Zickzackstich nicht aufschneiden.

2 **An der Schnittkante versäubern**
Setzen Sie den Nähfuß so auf die Schnittkante, dass die linke Nähfußhälfte auf dem Stoff liegt. Die Nadel sticht beim Zickzackstich links in den Stoff und rechts ins Leere, das heißt, die Kante wird vom Nähfaden umwickelt.

Verschiedene Breiten

Die **Stichbreite** bestimmt die Strecke, die die Nadel von einer Seite senkrecht zur Nahtrichtung zur anderen zurücklegt.

(**A**) Stark fransende Stoffe versäubern Sie mit breiten Stichen in einem kurzen Abstand.
--- COCKPIT ---
Stichbreite zwischen 4 und 6 mm

(**B**) Wenig fransende Stoffe versäubern Sie mit schmalen Stichen in größerem Abstand.
--- COCKPIT ---
Stichbreite zwischen 2 und 3 mm

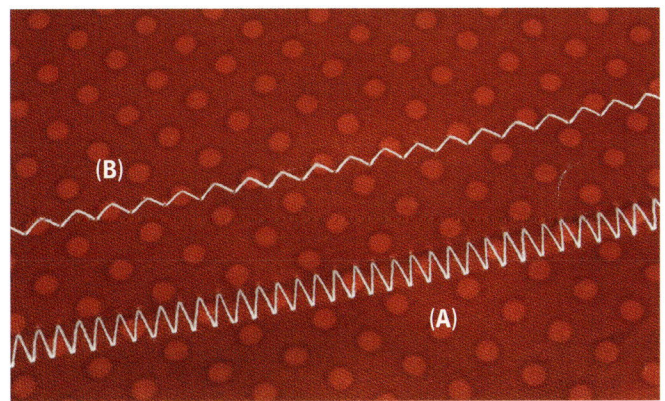

Verschiedene Längen

Die Strecke, die der Stoff vom Transporteur unter der Nadel in Nahtrichtung weitergeschoben wird bestimmt die **Stichlänge.**

(**A**) Franst die Schnittkante stark aus, stellen Sie den Zickzackstich dichter ein.
--- COCKPIT ---
Stichlänge zwischen 1,5 und 2,5 mm

(**B**) Franst die Schnittkante wenig aus, stellen Sie den Zickzack-stich weniger dicht ein.
--- COCKPIT ---
Stichlänge zwischen 2 und 3,5 mm

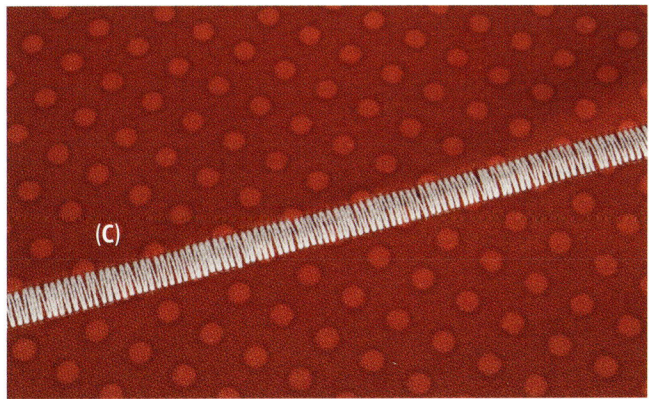

(**C**) **Die Raupennaht**
Dieser Stich wird so dicht eingestellt, dass kein Stoff mehr durch-scheint.
--- COCKPIT ---
Stichbreite zwischen 3 und 7 mm
Stichlänge zwischen 0,5 und 1 mm

LEVEL_4

Applizieren

Applikationen, das sind aus Stoff ausgeschnittene und aufgenähte Motive. Eine einfache Art des Applizierens gelingt mit Haftvlies oder Vliesofix. Das Haftvlies besteht aus einem leichten Vliesmaterial, das beidseitig mit einer Beschichtung überzogen ist, die bei Hitzeeinwirkung schmilzt. Die Beschichtung ist auf einer Seite mit einem Trägerpapier versehen, auf das Sie Ihre Motive vorzeichnen können. Achten Sie darauf, die Motive auf dem Trägerpapier spiegelverkehrt anzulegen, damit sie nach dem Aufbügeln richtig herum erscheinen. Um eine Applikation anzubringen, bügeln Sie das Haftvlies zuerst auf die linke Stoffseite des Motivs und dann das Motiv auf den Untergrund. Das Haftvlies verbindet alle Teile fest miteinander und versteift den Stoff zusätzlich. So lassen sich die Konturen der Applikation mit der Nähmaschine noch einfacher aufnähen. Beim Verarbeiten von Haftvlies sollten Sie immer auch die Anweisungen des Herstellers beachten.

Tipp: Wenn sie Motive aus Filz verarbeiten, sollten Sie beim Bügeln immer ein Bügeltuch unterlegen.

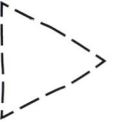

LEVEL_4

Workshop: Applizieren

Tipp: Bevor Sie beginnen, machen Sie sich unbedingt mit den Temperatureinstellungen Ihres Bügeleisens vertraut.

1 Übertragen Sie die Motivkonturen mit Bleistift auf das Trägerpapier des Vliesofix. Schneiden Sie alle Motive großzügig aus.

2 Legen Sie die Motive platzsparend auf Ihren Applikationsstoff, das Papier zeigt nach oben. Beachten Sie dabei das Muster des Stoffs! Bügeln Sie die Motive ohne Dampf auf und legen Sie bei Filzmotiven immer ein Bügeltuch unter.

3 Schneiden Sie die Motive entlang der Konturen aus und ziehen Sie das Trägerpapier ab. Platzieren Sie die Motive auf dem gewünschten Untergrund, dabei zeigt das Vliesofix nach unten. Bügeln Sie alles fest.

4 Steppen Sie mit eng eingestellten Zickzackstichen die Konturen des Motives fest (siehe rechts).

Zickzackstich _∎

Kurventraining! Legen Sie sich mit Zickzackstich ganz entspannt in Ihre ersten Kurven. Experimentieren Sie mit Stichlängen und -breiten. Markieren Sie Ihre Route und zeichnen Sie Linien vor oder fahren Sie einfach ohne Vorzeichnung querfeldein.

Tipp: Variieren Sie Stichlänge und Stichbreite und freuen Sie sich über möglichst unterschiedliche Nähte!

COCKTAILUNTERSETZER
Größe: 9 cm x 9 cm

Sie brauchen:
Filzplatte in Pink, 3 mm stark,
30 cm x 45 cm
Filzplatte in Türkis, 3 mm stark,
30 cm x 45 cm
Nähgarn in Weiß
Trickmarker
Schneiderkreide
Vorlagenbogen: Untersetzer

--- **COCKPIT** ---
Zickzackstich: Stichlänge 0,5 - 1 mm /
Stichbreite 3 - 7 mm
Oberfadenspannung: 3

1. Übertragen Sie die Vorlage auf den Filz und schneiden Sie sie aus.

2. Zeichnen Sie auf die Rückseite Ihres Filzuntersetzers mit Trickmarker oder Schneiderkreide eine Spirallinie auf.

3. Nähen Sie die vorgezeichnete Linie mit Zickzackstich nach.

4. Versuchen Sie auch ohne Vorzeichnung eine Spirallinie zu nähen.

5. Arbeiten Sie alle weiteren Untersetzer genauso.

LEVEL_4

Zickzackstich

Zweispurig fahren! Dieses coole Schlüsselband wird nur mit Zickzackstichen genäht.
Tipp: Verwenden Sie unterschiedlich gemusterte Baumwollstoffe in möglichst ähnlicher Qualität.

SCHLÜSSELBAND
Größe: 2,5 cm x 66 cm

Sie brauchen:
Baumwollstoff mit Punkten,
5,5 cm x 68 cm
Baumwollstoff in Bunt gemustert,
5,5 cm x 68 cm
Filzrest in Schwarz, 1,5 cm x 8,5 cm
Nähgarn in Weiß
Nähgarn in Schwarz
Karabinerhaken, 2,5 cm x 4 cm
Textilkleber

--- COCKPIT ---
Zickzackstich: Stichlänge 0,5 - 1 mm /
Stichbreite 4 - 7 mm
Oberfadenspannung: 3 - 4

1. Schlagen Sie die Stoffstreifen an den Längskanten jeweils 1,5 cm breit links auf links um und bügeln Sie sie. Kleben Sie den Saum punktuell mit Textilkleber fest.

2. Legen Sie die beiden Streifen aufeinander. Dabei befinden sich die eingeschlagenen Kanten innen. Stecken Sie die Streifen fest.

LEVEL_4

Zickzackstich ▬■■

3. Nähen Sie alle Kanten mit Zickzackstich zusammen.

4. Falten Sie das Band in einer Höhe von 31 cm. Sie erhalten so zwei unterschiedlich lange Band-Enden.

5. Ziehen Sie den Karabiner auf das längere Band-Ende und klappen Sie es 4 cm breit auf die Rückseite um. Stecken Sie an dieser Stelle beide Band-Enden fest und fixieren Sie sie mit Zickzackstichen.

6. Nähen Sie das Filzstück mit einigen Handstichen zusammen (siehe rechts) und schieben Sie es über das doppelt gelegte Band bis zur Naht.

Zickzackstich _∎∎∎

Gute Fahrt! Und weiter geht es mit dem Zickzackstich in verschiedenen Längen- und Breiteneinstellungen. Am Ende können Sie dieses kultige Filzobjekt auf einem Geschenk parken.

Tipp: Da Bastelfilz beim Waschen eingeht, sollten Sie ihn nur für Dekorationen verwenden.

VW-BUS
Größe: ca. 15 cm

Sie brauchen:
Bastelfilz in Türkis, Grau, Beige und Weiß, Reste
Filz in Wollweiß, 2 mm stark, Rest
Filz in Braun, 2 mm stark, Rest
Nähgarn in Weiß
Nähgarn in Schwarz
Textilkleber
Vorlagenbogen: VW-Bus

--- COCKPIT ---
Zickzackstich: Stichlänge 0,5 - 1 mm /
Stichbreite 3 - 7 mm
Oberfadenspannung: 3

1. Übertragen Sie die Vorlagen auf die Filzreste. Sie brauchen: 1x Kreis in Beige, 2x Kreis klein in Weiß, 2x Kreis groß in Weiß, 2x Windschutzscheibe in Grau, 2x Motorhaube in Türkis, 2x Reifen in Braun und 1x VW-Bus ganz in Wollweiß. Schneiden Sie die Teile aus.

2. Verbinden Sie die Reifen mit dem VW-Bus. Arbeiten Sie dabei mit einer mittleren Stichlänge. Nähen Sie im Zickzackstich 2x hin und her.

LEVEL_4

Zickzackstich _■■■

3. Legen Sie die Motorhaubenteile auf und fixieren Sie sie mit Textilkleber. Nähen Sie die Stoßstange im Zickzackstich mit möglichst großer Stichbreite auf. Verriegeln Sie Anfang und Ende der Naht mit 2 Stichen.

4. Nähen Sie die restlichen Kanten der Motorhaube mit Zickzackstich in möglichst kleiner Stichbreite fest.

5. Steppen Sie die Kontur des VW-Busses entsprechend der Abbildung im Abstand von 5 mm mit Steppstich nach. Beginnen Sie an einem Ende der Stoßstange und verriegeln Sie Nahtanfang und -ende mit einigen Stichen.

6. Platzieren Sie die Fenster und fixieren Sie sie mit Textilkleber. Steppen Sie die Konturen schmalkantig nach.

7. Platzieren Sie die Kreise entsprechend der Abbildung und fixieren Sie sie mit Textilkleber. Applizieren Sie die Kreise mit Zickzackstich.

LEVEL_4

Führerschein-Trainer

1_ Welche Regel trifft auf den Zickzackstich zu?

- [ ] Je dicker der Stoff, desto schmaler wird der Zickzackstich eingestellt. (**A**)

- [ ] Je dünner der Stoff, desto breiter wird der Zickzackstich eingestellt. (**B**)

- [ ] Je dicker der Stoff, desto breiter wird der Zickzackstich eingestellt. (**C**)

2_ Was bedeutet „versäubern"?

- [ ] Die Schnittkanten vor dem Ausfransen schützen. (**A**)

- [ ] Die Nähte vor dem Ausfransen schützen. (**B**)

- [ ] Das Ende einer Steppnaht vernähen. (**C**)

3_ Welche Stichbreite brauchen Sie, um stark fransende Stoffe zu versäubern?

- [ ] schmal (**A**)

- [ ] breit (**B**)

- [ ] normal (**C**)

TESTAUSWERTUNG: Nur eine Antwort ist möglich.
Notieren Sie zu jeder Frage die entsprechende Ziffer.
Die Auflösung finden Sie auf Seite 144.

4__ **Welche Stichlänge brauchen Sie, um stark fransende Stoffe zu versäubern?**

- ☐ lang (**A**)
- ☐ kurz (**B**)
- ☐ normal (**C**)

6__ **Wie platzieren Sie aus Vliesofix ausgeschnittene Motive auf dem Applikationsstoff?**

- ☐ Mit der Papierseite nach unten. (**A**)
- ☐ Mit der Papierseite nach oben. (**B**)
- ☐ Möglichst großzügig. (**C**)

5__ **Was sind Applikationen?**

- ☐ Dekorative Muster auf einem Stoff, beispielsweise Blumenranken oder Ornamente. (**A**)
- ☐ Wattestäbchen, die zum Reinigen der Nähmaschine benötigt werden. (**B**)
- ☐ Aus Stoff ausgeschnittene und aufgenähte Motive. (**C**)

PRÜFUNGSSTOFF

Theorie

Abschlussprüfung Theorie

Die erste große Etappe haben Sie geschafft! Zeit für eine kleine Pause. Biegen Sie auf den Rastplatz und lassen Sie alles, was Sie bisher gelernt haben, noch einmal in Ruhe Revue passieren. Sie fühlen sich gestärkt und fit? Dann sind Sie jetzt bereit für die große Theorieprüfung, die erste Etappe auf dem Weg zu Ihrem Nähmaschinen-Führerschein!

1. Melden Sie sich im Internet unter **www.naehmaschinen-fuehrerschein.de** mit Ihrem Namen und Ihrer E-Mail-Adresse an. Noch schneller geht's mit dem QR-Code auf dieser Seite und Ihrem Smartphone. Ihr Anmeldename wird später auch in Ihren persönlichen Nähmaschinen-Führerschein eingetragen.
2. Wenn Sie bei 15 von 20 Fragen die richtige Antwort auswählen, bestehen Sie die Theorieprüfung.
3. Geschafft! Weiter geht's zur Vorbereitung auf die Praxisprüfung.

GROSSE FAHRT

Sie haben das letzte Level vor Ihrer großen Abschlussprüfung zum Nähmaschinen-Führerschein erreicht. Üben Sie darin anhand dreier schöner Projekte noch einmal alles, was Sie gelernt haben. Viel Spaß!

Stepp- und Zickzackstiche

Mit Stepp- und Zickzackstich meistern Sie beim Nähen alle Herausforderungen. Wenn Sie diese Stiche beherrschen, befinden Sie sich schon auf der Zielgeraden. Allerdings: Ein paar kleine Baustellen liegen noch auf dem Weg. Legen Sie also den nächsten Gang ein und steuern Sie drei interessante Projekte in unterschiedlichen Schwierigkeitsgraden direkt an. Starten Sie mit einem Kissen im Mustermix (Schwierigkeitsgrad_■). Das Wolkenkissen (Schwierigkeitsgrad_■■) ist dann nur ein kleines Nadelöhr, das Sie passieren müssen, bevor Sie mit dem letzten Projekt (Schwierigkeitsgrad_■■■) die Sterne vom Himmel holen. Nähen Sie nacheinander alle Modelle und Sie sind bestens auf die große praktische Prüfung vorbereitet. Mehr Infos dazu finden Sie auf Seite 135!

Tipp: Nähen Sie ein paar Stiche auf Ihrem Stoff, bevor Sie mit dem Projekt beginnen. So können Sie Stichlänge und Fadenspannung vorab überprüfen und gegebenenfalls nachsteuern.

LEVEL_5

Steppen & Säumen

Mixen erwünscht! Die Kombination verschiedener Muster macht das Kissen zu einem interessanten Objekt und vielleicht auch bald zu Ihrem Lieblingskissen. Das Kissen hat einen Hotelverschluss und ist ruckzuck in nur einer Fahrstunde genäht.

Tipp: Verwenden Sie ähnliche Stoffqualitäten.

MUSTERMIX-KISSEN
Größe: 40 cm x 40 cm

Sie brauchen:
Baumwollstoff, 43 cm x 43 cm
Baumwollstoff, 64 cm x 43 cm
Filzrest in Türkis, 3 mm stark, 5 cm x 2 cm
Nähgarn in Weiß
Kisseninlett, 40 cm x 40 cm

--- COCKPIT ---
Steppstich: Stichlänge 3 mm
Zickzackstich: Stichlänge 2,5 mm / Stichbreite 3 mm
Oberfadenspannung: 3 - 4

1. Halbieren Sie das Stoff-Rechteck und fertigen Sie daraus zwei Rechtecke mit 32 cm x 43 cm.

2. Versäubern Sie die Kanten aller Stoffstücke mit Zickzackstich.

3. Schlagen Sie an je einer der beiden langen Kanten der Rechtecke je einen Saum von 1 cm doppelt nach links um. Bügeln Sie den Saum flach und steppen Sie ihn schmalkantig ab.

LEVEL_5

Steppen & Säumen _■

4. Legen Sie eines der Rechtecke rechts auf rechts so auf das Stoff-Quadrat, dass die versäuberten Kanten der beiden Teile an drei Seiten aufeinander liegen.
Legen Sie nun das zweite Rechteck rechts auf rechts so auf das Quadrat, dass sich die Säume der beiden Rechtecke überlappen, bzw. die versäuberten Kanten von Quadrat und zweitem Rechteck aufeinander liegen.

5. Fassen Sie, in einem Abstand von 10 cm zu einer Ecke, den Filzstreifen zwischen die Stofflagen. Achten Sie darauf, dass der Filzstreifen zwischen den Stofflagen liegt und nach innen weist, das heißt an den Stoffkanten abschließt.

6. Fixieren Sie die Stofflagen an den offenen Kanten mit Stecknadeln und steppen Sie die Stoffteile und den Filzstreifen 1,5 cm breit zusammen.

7. Wenden Sie die Kissenhülle auf rechts.

8. Setzen Sie über die offene Einsteckseite die Kissenfüllung ein (siehe rechts).

Steppen & Säumen _▪▪

Über den Wolken! Ihrer Kreativität sind nun keine Grenzen mehr gesetzt. Weiche Wolkenformen umrunden Sie elegant und mühelos.

Tipp: Machen Sie Ihre Projekte einzigartig. Sie können dazu kleine Stoffbänder oder Filzreste mit Ihren Initialen beschriften oder besticken.

2. Übertragen Sie die Vorlage auf den doppelt gelegten Stoff und schneiden Sie sie aus.

WOLKENKISSEN
Größe: 24 cm x 40 cm

Sie brauchen:
Baumwollstoff mit Tupfen, 26 cm x 90 cm
Karoband 1,5 cm breit, 10 cm
Nähgarn in Weiß
Bleistift
Füllwatte
Vorlagenbogen: Wolke

--- COCKPIT ---
Steppstich: Stichlänge 3 - 4 mm
Oberfadenspannung: 3

1. Bügeln Sie den Stoff und falten Sie ihn rechts auf rechts.

3. Zeichnen Sie mit Bleistift die Markierung „Füllöffnung" ein.

LEVEL_5

Steppen & Säumen _■■

4. Stecken Sie die beiden Stoffteile rechts auf rechts mit Stecknadeln zusammen. Falten Sie das Karoband zur Schlaufe und legen Sie sie so zwischen die beiden Stoffteile, dass die Karoband-Enden 5 mm breit zu sehen bleiben.

5. Beginnen Sie eine Steppnaht an der Markierung „Füllöffnung links" und verriegeln Sie Ihre Naht mit ein paar Stichen.

6. Steppen Sie die Kontur 7 mm breit nach. Reduzieren Sie die Stichlänge des Steppstichs an den Ecken auf 2 mm. Fassen Sie das Karoband beim Steppen mit und sparen Sie die Füllöffnung aus.

7. Schneiden Sie bei den Außenrundungen der Wolke kleine Keile aus der Nahtzugabe. Bei Innenrundungen schneiden Sie die Nahtzugabe in regelmäßigen Abständen rechtwinklig zur Naht ein. An den Ecken schneiden Sie die Nahtzugabe schräg ab. Achtung, schneiden Sie nicht in die Steppnaht!

8. Wenden Sie die Kissenhülle auf rechts und bügeln Sie die Nähte aus.

9. Stopfen Sie das Wolkenkissen mit Füllwatte aus.

10. Schließen Sie die Füllöffnung mit einigen Handstichen. Dazu nähen Sie von rechts nach links. Kippen Sie die Nahtzugabe um (siehe rechts). Nähen Sie einen Stich in der Nahtzugabe. Nehmen Sie vom Umbruch der Naht nur einen Gewebefaden auf und ziehen Sie den Faden durch. Nähen Sie im Abstand von 1 cm den nächsten Stich, bis die Öffnung geschlossen ist und vernähen Sie den Faden.

LEVEL_5

Steppen & Säumen ▪▪▪

A star is born! Mit diesem Kissen schwingen Sie sich in luftige Schneider-Höhen. Holen Sie sich mit dieser wunderschönen Applikation die Sterne vom Himmel. Blitzschnell genäht ist das Modell, Ihr letztes Projekt vor der großen Prüfung.
Tipp: Waschen und bügeln Sie alle Stoffe bevor Sie sie verarbeiten.

3-STERNE-KISSEN
Größe: 40 cm x 40 cm

Sie brauchen:
Baumwollstoff in Rot, 96 cm x 44 cm
Baumwollstoff in Blau, 25 cm x 25 cm
Baumwollstoff in Rot-Weiß gestreift, 15 cm x 35 cm
Nähgarn in Weiß
Nähgarn in Rot
Vliesofix, ca. 30 cm x 40 cm
Kisseninlett, 40 cm x 40 cm
Vorlagenbogen: Stern

--- COCKPIT ---
Steppstich: Stichlänge 3 mm
Zickzackstich: siehe Angaben
Oberfadenspannung: 3 - 4

1. Bügeln Sie den roten Baumwollstoff und versäubern Sie alle Kanten mit Zickzackstich. Schlagen Sie an den beiden kurzen Seiten einen Saum von 2 cm nach links um. Bügeln und steppen Sie den Saum schmalkantig ab.

2. Legen Sie den Stoff quer mit der rechten Seite nach unten. Messen Sie vom linken Rand 32 cm und vom rechten Rand 20 cm in die Mitte. Markieren Sie die Stellen mit Bleistift. Ziehen Sie von dort jeweils eine senkrechte Linie bis zum gegenüberliegenden Rand. Zwischen den beiden Linien liegt die Applikationsfläche von 44 cm x 44 cm. Markieren Sie die Linien mit Stecknadeln.

LEVEL_5

Steppen & Säumen _■■■

3. Übertragen Sie die Vorlage 3x auf das Trägerpapier des Vliesofix und schneiden Sie sie grob aus. Zeichnen Sie einen Kreis mit 23 cm Durchmesser ebenfalls auf das Trägerpapier.

4. Legen Sie Sterne und Kreis mit der Papierseite nach oben auf die linke Stoffseite der entsprechenden Applikationsstoffe und bügeln Sie alle Motive auf.

5. Schneiden Sie Sterne und Kreis aus und ziehen Sie das Trägerpapier ab.

6. Platzieren Sie den Kreis mittig zwischen den Markierungen der Applikationsfläche, die mit der rechten Stoffseite nach oben weist.

7. Bügeln Sie den Kreis fest und applizieren Sie die Kontur mit Zickzackstichen (Stichbreite: 5 mm, Stichlänge: 0,5 mm). Anschließend bügeln Sie die Sterne entsprechend der Abbildung auf und applizieren sie (Stichbreite: 2 mm, Stichlänge: 0,5 mm). Ziehen Sie die Stecknadeln aus dem Stoff.

8. Legen Sie den Stoff mit der linken Stoffseite nach unten. Schlagen Sie die beiden kurzen Seiten des Rechtecks rechts auf rechts entlang der markierten Linien so um, dass Sie sich in der Mitte überlappen.

9. Fixieren Sie die Stofflagen an den offenen Seiten mit Stecknadeln.

10. Nähen Sie die Stofflagen mit Steppstich etwa 2 cm vom Rand zusammen.

11. Wenden Sie die Kissenhülle auf rechts und setzen Sie über die Einstecköffnung die Kissenfüllung ein.

PRÜFUNGSSTOFF

Praxis

Abschlussprüfung Praxis

Nur noch wenige Meter bis zum Ziel! Auf Sie wartet die letzte große Herausforderung. Sind Sie bereit? Zeigen Sie was Sie können und nähen Sie sich Freddy, Ihren perfekten Beifahrer. Dabei kommen alle Techniken zum Einsatz, die Sie während Ihrer Fahrstunden erlernt und geübt haben.

Geben Sie Ihrem Freddy das Gesicht, das Sie sich vorstellen. Ob treu, lässig, verschmitzt oder lustig – dafür gibt es keine Anleitung! Entscheiden Sie selbst: Wünschen Sie sich einen verständnisvollen Begleiter, der Sie tröstet, wenn der Sonntagsfahrer vor Ihnen ohne Blinker die Spur wechselt. Oder einen coolen Kumpel mit Sonnenbrille, der es liebt, wenn Sie die Anlage voll aufdrehen und laut mitsingen.

1. Loggen Sie sich im Internet mit Ihrem Namen und Ihrer E-Mail-Adresse wieder ein auf **www.naehmaschinen-fuehrerschein.de**, oder nutzen Sie den QR-Code auf dieser Seite für Ihr Smartphone.

2. Fotografieren Sie Ihren Freddy und laden Sie ein Foto im Prüfungsbereich hoch.

3. Eine Jury prüft Ihr Nähergebnis. Wenn Sie alle Techniken beherrschen, dann bekommen Sie innerhalb einer Woche per E-Mail Ihren persönlichen Nähmaschinen-Führerschein zugeschickt.

4. Lösen Sie die Schutzfolie von der Plakette vorne im Buch und Sie erhalten Ihre **„Lizenz zum Nähen"**! Schmücken Sie damit Ihre Nähmaschine, und zeigen Sie allen, dass Sie bestanden haben.

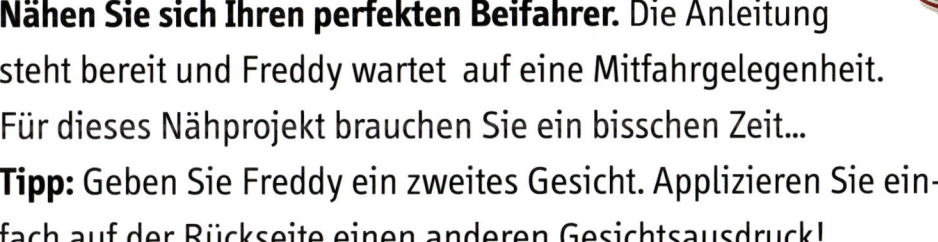

Beifahrer Freddy

Nähen Sie sich Ihren perfekten Beifahrer. Die Anleitung steht bereit und Freddy wartet auf eine Mitfahrgelegenheit. Für dieses Nähprojekt brauchen Sie ein bisschen Zeit...

Tipp: Geben Sie Freddy ein zweites Gesicht. Applizieren Sie einfach auf der Rückseite einen anderen Gesichtsausdruck!

BEIFAHRER FREDDY

Größe: ca. 30 cm

Sie brauchen:
Baumwollstoff mit Tupfen, 40 cm x 40 cm
Baumwollstoff mit Karomuster,
40 cm x 40 cm
Baumwollstoff mit Streifen, 30 cm x 40 cm
Verschiedene Stoffreste
Nähgarn in Weiß
Nähgarn in Schwarz
Filzband in Grün, 2 mm stark, 5 cm x 20 cm
Vliesofix
Füllwatte
Kochlöffel
Vorlagenbogen: Freddy Körper, Freddy Arme

--- **COCKPIT** ---

Steppstich: Stichlänge 3 - 4 mm
Zickzackstich: siehe Angaben
Oberfadenspannung: 3 - 4

1. Bügeln Sie den gestreiften Stoff und legen Sie ihn rechts auf rechts zusammen.

2. Übertragen Sie die Vorlage „Freddy Arme" zweimal auf den Stoff und schneiden Sie sie aus.

3. Stecken Sie die Arme rechts auf rechts zusammen.

4. Steppen Sie die Konturen im Abstand von 5 mm ab. Lassen Sie oben an den Armen eine Öffnung.

5. Schneiden Sie an den Rundungen kleine Keile aus der Nahtzugabe.

6. Wenden Sie die Arme auf rechts und bügeln Sie die Nähte.

7. Befüllen Sie nun die Hände mit Füllwatte. Schieben Sie dazu mit einem Kochlöffel

kleine Watteflocken bis zu den Händen. Erst wenn die Hände ausgestopft sind, befüllen Sie die Arme. Das braucht etwas Zeit.

8. Steppen Sie die Öffnungen an den Armen ca. 1 cm breit ab.

9. Bügeln Sie den gepunkteten und den karierten Stoff und legen Sie jeweils die linke Seite nach oben.

10. Übertragen Sie die Vorlage „Freddy Körper" mit allen Markierungen auf die Stoffe und schneiden Sie sie aus.

11. Zeichnen Sie Augen, Nase und Mund nach Ihren Vorstellungen auf das Vliesofix auf und schneiden Sie diese großzügig aus.

Freddy wartet auf eine Mitfahrgelegenheit

12. Legen Sie die Haftvliesteile auf die aus-gewählten Stoffreste und bügeln Sie sie fest. Schneiden Sie die Teile exakt aus und ziehen Sie das Trägerpapier ab.

13. Platzieren Sie dann Augen, Nase und Mund auf dem karierten Stoffkörper und bügeln sie alle Teile fest.

14. Applizieren Sie die Konturen mit eng eingestelltem Zickzackstich.

15. Legen Sie das Filzband zur Schlaufe und heften Sie die Enden fest.

16. Dann legen Sie die Körperteile rechts auf rechts aufeinander und stecken sie fest. Schieben Sie an der Markierung das Filzband zwischen die Seiten. Die

Schlaufe weist nach innen. Stecken Sie das Band fest.

17. Steppen Sie von Markierung 1 bis 3 und fassen Sie das Filzband mit. Step-pen Sie im Abstand von 5 mm zu den Schnittkanten von Markierung 2 über die Beine bis Markierung 4 alles zusammen. Schneiden Sie an allen Rundungen kleine Keile in die Nahtzugabe.

18. Fassen Sie durch eine Öffnung und greifen Sie das Filzband. Ziehen Sie es durch die Öffnung und wenden Sie Freddy auf rechts.

19. Bringen Sie mit einem Kochlöffel die Beine in Form und bügeln Sie die Nähte.

20. Befüllen Sie Freddy mit Watte. Stop-fen Sie die Füße und Beine zuerst aus.

21. Setzen Sie einen Arm bei der Mar-kierung 1 und 2 in die Öffnung ein, den zweiten Arm bei Markierung 3 und 4. Stecken Sie die Arme fest. Beide Daumen sollten zum Körper zeigen.

22. Stecken Sie die Arme fest und steppen Sie die offene Naht zu.

23. Bitte machen Sie ein Foto von Ihrem perfekten Beifahrer und laden Sie es hoch auf www.naehmaschinen-fuehrerschein.de

Einkaufstipps für ungebremsten Nähspaß

SINGER Curvy 8770

Mit wachsender Erfahrung steigen auch die Ansprüche beim Nähen:
Sobald Sie den Führerschein in der Tasche und einige Nähpraxis
gesammelt haben, können Sie sich auf schwierigere Strecken wagen.
Wenn die Funktionen Ihrer ersten Maschine nicht mehr ausreichen,
ist es Zeit für den Wechsel zur Mittelklasse! Die computergesteuerte
SINGER Curvy 8770 bietet einige geniale Upgrades: Ein Einfädel-
system für eilige Schnellstarter, 225 Näh- und Zierstiche und eine
Speicherfunktion für Extratouren mit eigenen Musterkombinationen.
Die Steuerung über Tasten und Display sorgt dafür, dass Sie immer
schnell und bequem ans Ziel kommen.

SINGER Ultralock 654

Besonderes Gelände erfordert
spezielles Equipment. Für elastische
Stoffe wie Jersey, Strick- oder
Sweatshirtstoff sollten Sie sich daher
eine Overlock-Nähmaschine als
„Zweitwagen" zulegen. Die SINGER
Ultralock 654 hat dabei sozusa-
gen ein Allrad-Getriebe: Sie näht,
schneidet und versäubert in einem
Arbeitsgang.

SINGER SNG 7.26

Auf dem Weg zum Ziel gehören
regelmäßige Boxenstopps dazu.
Bei Ihrem Nähprojekt ist es
unerlässlich, nach jedem Arbeits-
schritt die Nähte sorgfältig zu
bügeln. Hochwertiges Werkzeug
spart dabei wertvolle Zeit in der
Boxengasse: Das schnittige Singer
SNG 7.26 ist mit extra viel Dampf
und einem langen Kabel der
ideale Partner.

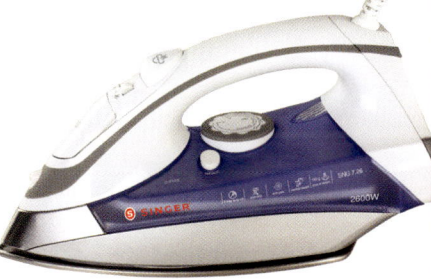

SINGER Fusselfräse BS-203

Bei Ihren selbst genähten
Lieblingsstücken können sich
durch häufige Benutzung
kleine Pilling-Kügelchen bilden.
Deshalb müssen Sie aber
nicht gleich in die Werkstatt:
Die SINGER Fusselfräse BS-203
mit 3 Schnitthöhen beseitigt
die Spuren der Zeit schnell und
schonend.

SINGER Nähmaschinenfüße

An Ihrer Nähmaschine haben kleine Veränderungen große
Wirkungen. Tauschen Sie doch einfach mal den Standard-
nähfuß gegen einen Spezialfuß.
Mit dem **Kordelfuß** arbeiten Sie mühelos einen Einlauf-
faden ein, was eine besonders plastische Ziernaht hervor-
bringt.
Für ungebremsten Nähspaß bei dekorativen, sehr dicht
gestickten Dekonähten sorgt der **Zier- und Dekofuß** mit
extra viel „Hubraum" an der Unterseite.

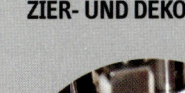

ZIER- UND DEKOFUSS

KORDELFUSS

7/9 LOCHFUSS

APPLIKATIONSFUSS

LITZENFUSS

Husqvarna VIKING HCLASS 600E

Um Ihren ganz persönlichen Stil auszudrücken ist beim Nähen und Sticken die Husqvarna VIKING HCLASS 600E der ideale Partner. Sie meistert den normalen Alltagsverkehr dank Automatikschaltung perfekt: Die Einstellung von Stichlänge, Stichbreite und Fadenspannung können Sie getrost ihr überlassen. Aber sie kann auch anders: Mit 250 integrierten Stickmotiven, 20 Schriftarten 100 Stichen verschönert sie ihre Nähwerke fast wie von selbst. In der realistischen 3D-Ansicht können Sie auf dem Bildschirm schon zuvor sehen, wohin die Reise geht. Und das Beste: Diese Sonderausstattung ist im Preis schon inbegriffen!

Einkaufstipps für ungebremsten Nähspaß

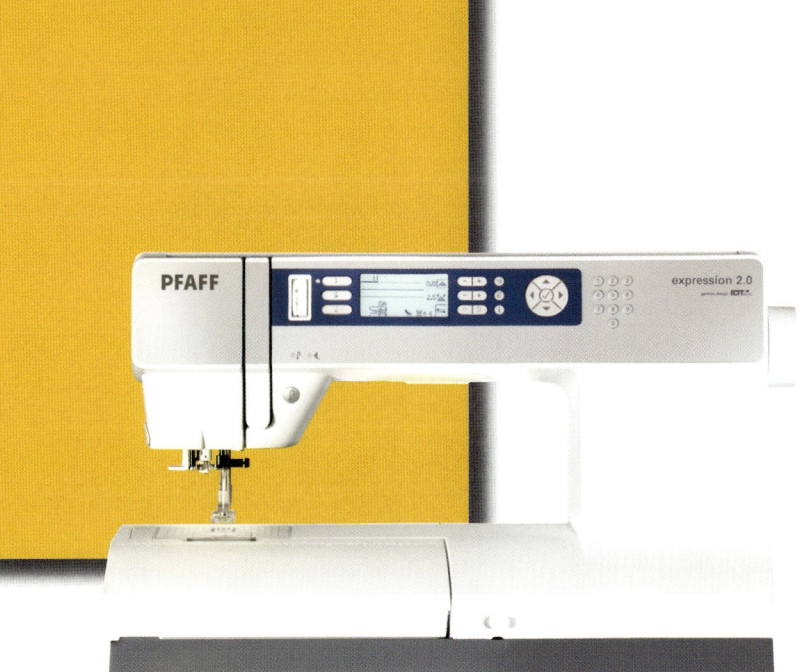

PFAFF expression line 2.0

Sie wollen ein besonders schnittiges Modell? Da kommt die PFAFF expression line 2.0 gerade recht. Ihr klassisch-elegantes Design sieht nicht nur besonders trendig aus, sondern bietet auch viel Freiraum für Extratouren. Mit der besonders großen, perfekt ausgeleuchteten Arbeitsfläche, dem übersichtlichen Grafik-Display und dem großen Freiarm eigene Ideen professionell umsetzen. Für Langstreckennäher bietet eine große Auswahl an 9-mm-Stichen ganz neue Möglichkeiten. Mit 37 verschiedenen Nadelpositionen sind sie immer richtig am Start, und Markierungen auf der Stichplatte verhindern, dass Sie die Orientierung verlieren. Auch hier sorgt das Original IDT™-System für entspannte Näherlebnisse.

PFAFF Nähmaschinenfüße

Nicht nur Autos, auch Nähmaschinen kann man Tunen! Mit ein bisschen Spezialzubehör, wie besonderen **Nähmaschinenfüßen** kann Ihre Maschine ungeahnte Kunststücke vollführen.
Der **7/9 Lochfuß** kann bis zu 9 Fäden dickes Ziergarn, z. B. Sticktwist oder Perlgarn, mitführen, die dann mit einem Näh- oder Zierstich Ihrer Wahl dekorativ befestigt werden.
Mit dem **Litzenfuß** werden Garne, Kordeln oder Satinbänder mit Zierstichen übernäht — entweder mit transparentem oder farblich passendem Garn oder mit Kontrastfarben für ganz unterschiedliche Effekte.
Applikationen geben Ihrem Nähmodell eine besondere individuelle Note. Mit dem **Applikationsfuß** gelingen sie besonders schön.
Mit dem **Kordonierfuß** genähte Raupennähte können als „Leitplanken" für eine Applikation dienen.

KORDONIERFUSS

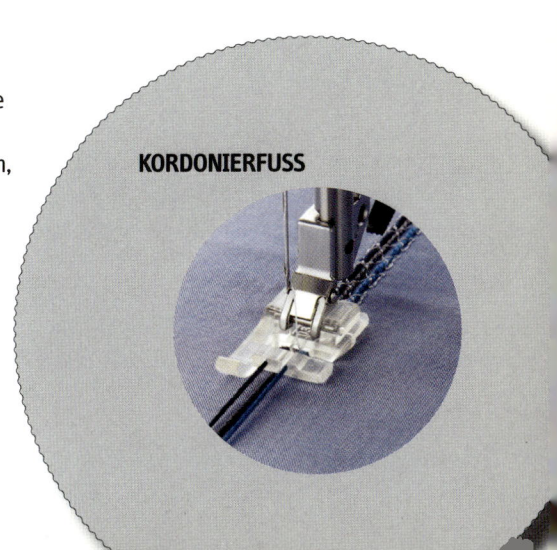

IMPRESSUM

EVA SCHNEIDER,
ist Designerin, hat in München Grafik- und Kommunikations-
design studiert und danach für Werbeagenturen und
Redaktionen gearbeitet. Als Artdirektorin im Bereich Frauen-
und Familienzeitschriften sammelte sie viele Erfahrungen.
Heute ist sie freiberuflich für Verlage und Agenturen tätig.

„Entwerfen und Gestalten sind die schönsten Beschäftigungen
die es gibt! Und so ist das Nähen eine weitere Gelegenheit
mich künstlerisch auszuleben ...“

TESTAUSWERTUNG_Führerschein-Trainer

THEORIE Level_1: 1B, 2A, 3B, 4C, 5A, 6C; Level_2: 1C, 2A, 3A, 4B, 5A, 6B; Level_3: 1A, 2C, 3C, 4A, 5C, 6B; Level_4: 1B, 2B, 3A, 4B, 5B, 6C; Level_5: 1B, 2C, 3A, 4B, 5C, 6B
PRAXIS Level_1: 1B, 2C, 3C, 4B, 5C, 6A; Level_2: 1C, 2B, 3A, 4B, 5C, 6B; Level_3: 1A, 2A, 3B, 4A, 5A, 6C; Level_4: 1C, 2A, 3B, 4B, 5C, 6B

Wir danken der Firma VSM Deutschland
GmbH (Karlsruhe, www.singerdeutschland.de,
www.pfaff.com), sowie den Firmen Coats
(Kenzingen, www.coatsgmbh.de) und Prym
(Stolberg, www.prym-consumer.com) für die
Unterstützung bei der Erstellung dieses
Buches.

HILFESTELLUNG ZU ALLEN FRAGEN, DIE
MATERIALIEN UND KREATIVBÜCHER
BETREFFEN: FRAU ERIKA NOLL BERÄT SIE.
RUFEN SIE AN: 05052/91 18 58*

*normale Telefongebühren

PROJEKTMANAGEMENT: Eva-Barbara Hentschel
LEKTORAT: Rahel Goldner
LAYOUT: Eva Schneider
FOTOS: frechverlag GmbH, 70499 Stuttgart; Frank Neumann, München;
VSM Deutschland GmbH (S. 140-143)
DRUCK UND BINDUNG: GRASPO CZ, a.s., Tschechien

Materialangaben und Arbeitshinweise in diesem Buch wurden von der Autorin und den Mitarbeitern
des Verlags sorgfältig geprüft. Eine Garantie wird jedoch nicht übernommen. Autorin und Verlag
können für eventuell auftretende Fehler oder Schäden nicht haftbar gemacht werden. Das Werk und
die darin gezeigten Modelle sind urheberrechtlich geschützt. Die Vervielfältigung und Verbreitung
ist, außer für private, nicht kommerzielle Zwecke, untersagt und wird zivil- und strafrechtlich ver-
folgt. Dies gilt insbesondere für eine Verbreitung des Werkes durch Fotokopien, Film, Funk und
Fernsehen, elektronische Medien und Internet sowie für eine gewerbliche Nutzung der gezeigten
Modelle. Bei Verwendung im Unterricht und in Kursen ist auf dieses Buch hinzuweisen.

4. Auflage 2013
© 2012 **frechverlag** GmbH, 70499 Stuttgart
ISBN 978-3-7724-6767-7 • Best.-Nr. 6767